富贵于我如浮云
杜甫诗传

水
恋
珠
————

著

远方出版社

图书在版编目（CIP）数据

富贵于我如浮云：杜甫诗传／水恋珠著． -- 呼和浩特：远方出版社，2021.9

ISBN 978-7-5555-1374-2

Ⅰ.①富… Ⅱ.①水… Ⅲ.①杜甫（712－770）－传记 Ⅳ.①K825.6

中国版本图书馆 CIP 数据核字（2021）第 185023 号

富贵于我如浮云：杜甫诗传
FUGUI YU WO RU FUYUN DUFU SHIZHUAN

作　　者	水恋珠
责任编辑	于丽慧
责任校对	海　然
封面设计	VIOLET
版式设计	赵艳霞
出版发行	远方出版社
社　　址	呼和浩特市乌兰察布东路 666 号　邮编：010010
电　　话	（0471）2236473 总编室　2236460 发行部
经　　销	新华书店
印　　刷	天津中印联印务有限公司
开　　本	145mm×210mm　1/32
字　　数	208 千
印　　张	8.5
版　　次	2021 年 9 月第 1 版
印　　次	2021 年 9 月第 1 次印刷
印　　数	1—5 000 册
标准书号	ISBN 978－7－5555－1374－2
定　　价	42.00 元

如发现印装质量问题，请与出版社联系调换

序 言

万里飘零独此身，诗魂终恋浣花村

杜甫和李白被人们并称为"李杜"，唐朝韩愈曾在诗中说："李杜文章在，光焰万丈长。"但事实上，杜甫的诗在当时并不受推崇，也未受到多高的赞誉。杜甫只能算是唐代众多诗人中不大突出的一位。一直到宋朝，经过王安石、苏轼、黄庭坚等人的大力宣扬，人们才逐渐认识这位与李白齐名的唐代现实主义诗人。

杜甫之所以被人们称为"诗圣"，是因为他关注底层百姓的命运，把诗歌创作的重心落在久久不能实现的抱负上。在特殊的时代条件下，他将个人和国家的命运紧密联系在一起，具有自发的、为时代创作的强烈责任感。

从杜甫的人生历程和文学思想入手，他的创作大致可分为四个阶段：

一、"放荡齐赵间，裘马颇清狂"的十年壮游时期。杜甫出身于官宦人家，年少"读书破万卷"，为仕途拼搏。十年漫游吴越、齐赵，壮志凌云、豪情万丈，登泰山而"览众山小"，对未来生活充满希望，雄心勃勃地确立了"致君尧舜上，再使风俗淳"的抱负。《奉赠韦左丞丈二十二韵》和《望岳》两首诗，将他青年时代的气概和志向表现得淋漓尽致。

二、"朝扣富儿门，暮随肥马尘"的困守长安时期。杜甫35岁后，在长安苦寻仕进之途长达十年，最后才得到右卫率府胄曹参军的小官。理想的落空、生活的潦倒，让杜甫对当时的政治、社会现实有了更深刻的认识。他渴望为官、建功立业，却又对求官之路深感失望。壮志难酬的落寞和孤独无助的生活窘况都被他记以诗笔。身处朝堂之外，他清醒地看到朝廷的腐败、民众的苦难、世态的炎凉，这些使他对百姓生活投以更多的关注与同情。《兵车行》《丽人行》《醉时歌》等都是批评时政、讽刺权贵的名作，而《自京赴奉先县咏怀五百字》尤为深刻，标志着他经历长安的困苦生活后对当时的政治和社会现实的认识达到新高度。

三、"国破山河在，城春草木深"的陷贼与为官时期。"安史之乱"爆发，动荡不安的生活把杜甫的诗歌创作推向高峰。战乱之初，他把家安置在鄜州，独自去投奔唐肃宗，中途为安史叛军俘获，押至长安。面对混乱时局，他痛心疾首，写下《月夜》《春望》《哀江头》《北征》《悲陈陶》等诗。后来，他乔装潜逃到凤翔，被封左拾遗。由于忠言直谏，为房琯事上书而被贬华州司功参军。他用诗的形式把途中见闻记录下来，成为不朽名作，即"三吏""三别"等诗篇，达到现实主义创作的高峰。

四、"安得广厦千万间，大庇天下寒士俱欢颜"的西南飘泊时期。战事紧急，关辅饥荒，杜甫弃官逃难，到成都后入严武幕府，过了一段比较安定的生活。严武死后，杜甫不得已再度漂泊，最终在贫病交加中于湘江的一条小船上离世。在此期间，他诗如泉涌，创作出《水槛遣心》《春夜喜雨》《茅屋为秋风所破歌》《病橘》《登楼》《蜀相》《闻官军收河南河北》《又呈吴郎》《登高》《秋兴》《三绝句》《岁晏行》等真正能打动人而具有生命力的诗歌。

本书再现了杜甫追求仕进、实现政治理想却屡屡失意的一生。他的人生路上荆棘丛生，充满坎坷，但他以赤子般的人道主义情怀将自己的所见所闻、所思所想付诸笔端，把他的个人奋斗史与他的创作结合起来。透过这些思想深邃、饱含深情的作品，我们能更好地理解他对"中兴济世的热切，对淆乱乾坤的指斥，对横行霸道的愤慨，对漂泊流离的悲伤，对生灵涂炭的悲悯，对物力衰竭的惋惜，对博施济众的赞美"，以及他由热情奔放变得悲壮凄凉的"沉郁顿挫"的诗风。

目 录

第九章 孤舟漂泊 野老魂归诗千秋

第一章

京兆杜子　少小立志逾古圣

　　杜甫青少年时可谓春风得意。他出身名门望族，无论父系还是母族，都出过彪炳千古的人物。在"奉儒守官"的家风影响下，他精进学业，怀抱"致君尧舜上，再使风俗淳"的伟志，成为达官显贵们争相追捧的"写诗红人"。

故里樊川菊，登高素浐原

在巍巍嵩山北麓，滔滔黄河南岸，有一个叫南窑湾的小村庄（今巩义市站街镇南窑湾村）。远远望去，邙山余脉的笔架山高高耸立，山上草木繁茂；伊洛河在山脚下缓缓淌过，于不远处汇入黄河。南窑湾村背倚笔架山，前临沃野。村子里，有几间竹篱瓦舍。因房舍多依黄土岭而建，只有门面由砖瓦构成，主体建筑延伸至土山内，形似孔窑，人们称之为窑洞。

唐睿宗太极元年（712年）正月初一日（2月12日），在南窑湾村的一孔窑洞中，三十岁的杜闲焦虑不安地来回踱步，等待内房的妻子崔氏生产。崔氏因身体素来虚弱，十分担心自己不能顺利生下这个孩子，忍着阵痛默默祈祷。好在上天保佑，就在她力气耗尽，将要昏睡过去的时候，孩子呱呱坠地。

接生婆赶紧从内房出来对杜闲说："恭喜杜老爷，夫人平安生下了一位白净的小少爷。"杜闲高兴地跑出窑洞，仰天而呼："感谢苍天，祖宗有灵，我杜家又有后了！"他如此激动，并非因儿子的降临有何祥兆。伊洛河水依旧静静流淌，春天的脚步姗姗来迟，寒风中飘荡着婴儿断断续续的啼声。

杜闲年少时苦读诗书，一心想博取功名，可屡试不第。成婚后，他又寒窗苦读十余年，为求官四处奔走，对家庭疏于照顾。他的第一个儿子出生后不到两岁就夭折了。如今他已经三十岁出头，自然要把这个儿子当宝贝。他给儿子取名"甫"。这个汉字通常是加在男子字号下的美称，而像杜闲这样直接用作人名的较少见。后来杜闲给儿子取字"子美"，显然他在儿子的名字里面寄托着美好愿望。

被后人尊为"诗圣"的杜甫就这样在一个窑洞里诞生了。由此人们似乎会产生这样的印象：莫不是杜甫出身寒微？这的确是一种错觉。其实，杜家的家世十分显赫，上溯可直追尧帝。到了周朝，尧帝的直系后人被周成王封地于杜城；至汉代，杜城改名为京兆杜陵县，故杜家提起郡望皆称"京兆杜陵人氏"。

有关杜氏家族的衍化，说来话长。杜陵的杜氏家族自汉代以来，一直是这一带的名门望族。杜陵北望长安，南接秦川，地势高亢，是一块肥沃的风水宝地，又称少陵原。秦汉两朝，杜陵出了不少名人，其中好些人出自杜氏家族。杜陵的杜氏家族在历史上是一个绵延几世纪、人才辈出的庞大家族。其成员在朝为官的记录几乎保持了三千年，其中不乏名人。在汉朝有杜周、杜延、杜缓、杜业、杜辅、杜宪；三国时期有杜畿、杜恕、杜预等。杜预官至西晋镇南大将军、当阳县侯。他博学多才，不仅精通政治、经济、天文、律法、算术等各种学问，还精通军事战略，在武功、政事、学术等方面皆有成就。在他这一辈时，杜氏家族成为声名显赫的门阀，他本人也成为史上同时配享文庙和武庙的第一人。杜预生有四子：杜洹、杜尹、杜跻、杜耽。其中，杜耽官至晋代凉州刺史。杜耽之子杜顾为西海太守。在东晋前期，杜顾之子杜逊曾任魏兴太守。因此杜陵的杜氏家族嫡脉迁居湖北襄阳。

杜逊育有杜灵启、杜光乾二子。杜灵启这一支，其子杜怀宝生有九子，但由于战乱和政变，九子中多人战死或被处死，而活下来的大都寂寂无闻。而杜光乾这一支，即杜甫的八世嫡祖则仍世代为官。杜光乾为齐司徒右长史，其子杜渐在梁任边城太守，但没有太多事迹记载。六世祖杜叔毗为北周硖州刺史。五世祖杜鱼石在隋朝任嘉县令，亦无事迹记载。曾祖杜依艺曾任监察御史、河南巩县令。自是，襄阳杜氏又迁居河南巩县。

杜依艺之子杜审言官至修文馆直学士。杜审言之子杜闲便是杜甫的父亲。衍生下来，官史中多说"杜甫乃杜预十三世孙"。杜预是杜陵杜氏家族中最有成就的人，与杜甫有十三代之隔。这些先祖距离杜甫实在太过遥远，而他却依旧称杜陵为故里，除了慎终追远、显耀辉煌的家族史之外，是否还有别的什么用意呢？

唐代是一个极为讲究家世门第的朝代。盛唐时门第势力正盛，无论是婚嫁还是做官，都讲究门第出身，甚至参加科举考试的许多考生也都是有世袭爵位的名门子弟。既然现实需要，而自己又有那么显赫的家世，杜甫有什么理由置之不理呢？

杜预的墓在偃师城北首阳山下。杜甫为祭祖，曾在山下挖穴建庐，守护先祖墓，并写下一篇《祭远祖当阳文》。后来杜甫在京师跑官，在杜陵居住了一段时间。一年的重阳节，他写下组诗《九日五首》，在其四中写道："故里樊川菊，登高素浐源。他时一笑后，今日几人存。"

诗中的樊川就是杜甫先祖的居住地杜陵一带。即使后来他漂流荆楚，也时常想到杜预，并以他的丰功伟绩激励自己奋进。

正是因为有这样的家世，杜甫后来自称"京兆杜子""少陵野老"，人们也称他为"杜少陵"。杜甫非凡的家世和那些了不起的先祖们不仅对他的性格养成和文化的传承有直接影响，而且对他少年时代的生活学习以及后来的诗歌创作也有极其深远的影响。

吾祖诗冠古

　　杜甫虽出身于官宦世家，但杜氏家族到了他父亲杜闲这一代，无论是社会地位还是朝中声望都大不如前。尽管杜闲恪守"奉儒守官"的家风，但仕途却非常不顺畅。开元三年（715年）夏，杜闲的妻子崔氏久病不愈去世，当时儿子杜甫还不满三岁。他为谋求官职而四处奔走，因照顾不了儿子，便将杜甫寄养在二姐家。杜甫的二姑家居东都洛阳建春门仁风里，她有个与杜甫年龄相仿的儿子。平素两个小家伙在一起玩耍、写字学画，相处很是融洽。

　　杜甫的二姑贤惠善良，对这个侄儿非常疼爱且悉心关怀。可是，杜甫从小身体瘦弱，到二姑家后的第二年春天，与二姑的儿子同时患上了流疾。两个孩子都需要治疗，可二姑家境并不富裕，她每天都去打听治疗流疾的偏方。后来得到了一种偏方，需要去采集草药，她花了三天三夜的时间，在山上终于找到那种草药。她把药煎好后，在先给谁喝这个问题上犯了难，一边是亲生儿子，一边是视如己出的侄儿。挣扎到最后，她还是先把药喂给了杜甫，剩下的残汁喂给儿子，以致儿子的病一天比一天严重。

有一天，一个巫医路过他们家，杜甫的二姑跪求占卜。巫医说道："两个孩子之中，只能活下来一个。"又说道，"躺在屋子东南角方位，吉。"杜甫的二姑依巫医所言，将自己儿子所在的东南角的吉位换给了杜甫，而把儿子置于旁侧。巫医的话最终应验，杜甫得以保住性命，而他二姑的儿子却不幸夭亡。从此，杜甫的二姑更是对他殷殷照顾，使杜甫逐渐忘却幼年丧母之痛、远离父亲之伤。杜甫也与二姑十分亲近，将其视如生母。

杜甫四五岁的时候活泼好动，对读书毫无兴趣。常常是几天下来，连一首五绝短诗都背不熟。他还很贪玩，每次溜出去总是玩得不知日月天光。杜甫的二姑对此很生气，每次训他一顿后，又给他讲"奉儒守官，诗书传家"的家风和家族故事，还让自己的丈夫裴荣期督促和辅导杜甫读书学习。有时候，杜甫的继祖母卢氏（范阳县太君）也把他接至家里，给他讲"诗书传家远，忠厚继世长"的道理，让他读诵祖父杜审言留下的一些诗书典籍，帮他改掉贪玩的习惯。如此，幼小的杜甫不仅对杜氏家风有了初步的了解，而且树立起几个学习的榜样。他心中最敬佩的人有文武双全的大将军远祖杜预、"诗文天下第一"的祖父杜审言以及"天下第一勇士"的二叔杜并。

因为家人的教导，杜甫刚入学的时候，十分勤学好问。据说，有一次先生提问："你们知道古往今来最著名的诗人有哪些？"杜甫抢着回答说是他爷爷。先生纠正："自先秦至魏晋，最有名气的诗人当是屈原、宋玉、蔡琰、陶渊明、谢灵运……"还未等先生说完，杜甫就辩解道："我爷爷曾说，他是天下第一，屈原、宋玉只能当他的仆从。"杜甫的回答让先生哭笑不得，但他又不得不承认杜甫的祖父杜审言是个了不起的人物。

那么，杜审言究竟有多厉害呢？

杜审言，字必简，自幼文采出众，"雅善五言诗，工书翰，有能名"。二十五岁时，他进士及第，曾任隰城尉，之后又辗转多地担任县尉。他经过多年转迁，官职也不高，倒是在文艺界名气越来越大。他与李峤、崔融、苏味道被合称为"文章四友"。杜审言还是唐代近体诗的奠基人之一。他仅凭一首《和晋陵陆丞早春游望》就足以扬名天下。这首诗写道：

> 独有宦游人，偏惊物候新。
> 云霞出海曙，梅柳渡江春。
> 淑气催黄鸟，晴光转绿蘋。
> 忽闻歌古调，归思欲沾巾。

这首和诗抒发了他宦游江南的感慨与归思。其中"淑气催黄鸟，晴光转绿蘋"堪称神来之笔，句格鸿丽而情调忧伤。

在"四友"中，杜审言的官职最低，转迁的地方也多。主要原因是他不善于为人处世，以"好大言"出名，无意中得罪了不少人。他曾颇为自得地跟人说："我的文章不错，屈原、宋玉也要拜服，至于书法就更好了，王羲之只能做我的学生。"

狂，太狂了。他不仅贬低已故之人，连自己的朋友也得罪了不少。早在苏味道做天官侍郎，即吏部侍郎的时候，杜审言还只是小小的隰城尉。尉官主管一县的法制治安，按规定，他主审的案子都要上报给苏侍郎复核。有一次他把案子报给苏侍郎后，对另一个朋友说："苏味道必死无疑。"他的朋友很惊讶，忙问为何。杜审言解释说："他看见我写的判词，必定羞愧而死。"杜审言的狂傲可见一斑。

不过,"文章四友"的另外三人,一般不跟他计较。他们同朝为官、同为宫廷诗人,都致力于律诗的创作。他们在文学上志同道合,在政治生涯中也有许多相似的经历。

然而,在当时看重门第出身的政治环境中,真正负有盛誉的名士大都在政治上属于无能之辈。在机遇无数的武则天时代,朋友们纷纷得志,只有他难遂宏愿。又经数年,好不容易升到洛阳丞一职,但好景不长,即在武后圣历元年(698年)被贬为江西吉州参军。离开洛阳时,陈子昂为他写了一篇赠序,送别的文士有四十五人之多,一个个即兴赋诗作文,杜审言也挟琴起舞,引吭高歌。送别的场景十分动人,足显杜审言在文坛上的地位。

也正如此,杜审言全然不知仕途中即将到来的风险。到了吉州后,杜审言与同僚发生了矛盾,且到了不能轻易调和的程度。他的顶头上司周季重受司户郭若讷的挑唆,把杜审言关进牢狱并准备处死。杜审言的三子、杜甫的二叔杜并时年十六岁,看见父亲遭受了这样的冤屈,心中又急又恨。他整日不思饮食,面容憔悴,绞尽脑汁筹划解救父亲的计策。一天,周季重在府中设宴,杜并"密怀刃以刺",周季重负伤而亡,杜并也被官兵当场砍杀。季重临死时,忏悔地说:"我不知道杜审言有这样的孝子,郭若讷把我害到这种地步!"

杜并的孝行轰动一时,事迹被世人广为传颂,他的墓志铭由当时大名鼎鼎的文豪苏颋写就,祭文作者则是修文馆学士刘允济。那时杜甫尚未出生,后来他听说了二叔的故事,很为这位孝勇兼具的长辈自豪。

不久,杜审言被释放出狱。在家闲居一段时间后被召入京。武则天亲自召见杜审言,问他:"卿家高兴不?"儿子为己而死,有何欢喜可言,杜审言默然,感谢武后之恩。武则天让他作一篇《欢喜诗》,以明心迹。此文未传于世,但从武则天的满意程度来看,可推知定是一篇歌功颂德的美文，杜审言因此被授著作佐郎。不久，改迁膳部员外郎。

但杜审言的时运不佳，神龙初年（705 年）武则天殡天，他因与张易之交厚而受株连，被流放到南方极为偏远的峰州（今越南越池东南）。途中他写了一首《渡湘江》：

> 迟日园林悲昔游，今春花鸟作边愁。
> 独怜京国人南窜，不似湘江水北流。

他曾经到过湘江，这次被贬又经过此地，算是故地重游，但因心情不同，感觉到山不是原来的山，水也不是原来的水。由情生景，美好的春景也掩藏不住他内心的悲伤之感。

未久，杜审言还归洛阳，随后入京被授为国子监主簿。回到京城，杜审言又写了一首《春日京中有怀》：

> 今年游寓独游秦，愁思看春不当春。
> 上林苑里花徒发，细柳营前叶漫新。
> 公子南桥应尽兴，将军西第几留宾。
> 寄语洛城风日道，明年春色倍还人。

通过这首诗，他把在京城的所见所感告诉洛阳的朋友，也寄托了他对朋友的思念之情。他一反流放期间的消沉忧郁，表现出昂扬向上的乐观情怀。

回京城后的这段时间，他还写了《蓬莱三殿侍宴奉敕咏终南山应制》《送和西蕃使》等诗作。不管是应制之作还是写景纪事、有感而发，诗篇中都保持了其狂傲的本性。由于现实生活并没有给他实现政治思想的机缘，因此他没有像远祖杜预那样官至台辅，在功名事业上做出一番过人的功绩。景龙二年（708 年），唐中宗设置修文馆。大约在第二年（709 年）初，杜审言因文学成就被推选为修文馆直学士。

可就在这一年，杜审言得了重病。他的朋友宋之问、武平一等人去探望他。见到来人，他睁大眼睛挨个打量大家，居然说："命运这小子害得我这么苦，还有什么可说的呢？然而只要我在世，名声总压住你们一头；而今我就要死了，你们本该高兴才是，只可惜见不到可以替代我的人！"杜审言至死也如此狂傲。他死后被追赠为秘书著作郎，可见唐中宗对他的诗赋文章是认可的。

杜审言的儿子杜闲虽也饱读诗书，但写诗文却不在行。不过，杜甫隔代遗传了祖父的优秀基因，同时还继承了杜审言自大傲慢的性格。"好大言"在杜甫的身上也有充分体现："诗是吾家事，吾祖诗冠古""读书破万卷，下笔如有神""日月笼中鸟，乾坤水上萍""放荡齐赵间，裘马颇清狂"等诗句都出自杜甫笔下。《新唐书》中说："甫旷放不自检，好论天下事，高而不切。"

但杜甫在经历蹉跎仕路和"安史之乱"后，性格变得深沉内敛了很多。他后期的诗作针砭时弊，披露上层官僚骄奢淫逸的生活和黑暗政治的内幕，关心民众疾苦，揭露社会黑暗以及朝廷穷兵黩武给国家带来的灾难，"写实"远甚于其祖父的"虚言"。他的诗歌被后人赞为"诗史"。

七龄开口咏凤凰

开元五年（717年）秋，三十五岁的杜闲终于谋得郾城（今隶属河南省漯河市）县尉一职，第二年初正式走马上任。县尉虽品级很低，但毕竟是朝廷命官，杜闲算是真正步入了官场，生活也基本安定下来。这一年，六岁的杜甫与父亲在一起生活了一段时间。虽然很短暂，但有一件事情却令杜甫终生难忘。

这一天，郾城西戏园人山人海，被围得水泄不通。杜甫在父亲的引领下，挤到人群前，观看了一场别开生面的舞蹈——公孙大娘的剑器舞和浑脱舞。公孙大娘舞《西河剑器》时身着戎装锦衣、戴五彩帽子，鲛俏飘带破风而起，体态大有中原武人气势，宛如女侠临世。演《剑器浑脱》时，公孙大娘头戴浑脱胡帽，脚蹬软底胡靴，一身西域服饰，招数之间，体态自然。杜甫见到公孙大娘舞剑的场景，煞是着迷，随之向往剑客的生活。

剑器舞，又称剑舞，是唐代盛行的一种民间舞蹈，执剑器而舞。其风格近似武术，具有战斗性。浑脱舞是北周及初唐时期的舞蹈，出自伊朗，由龟兹传入中原。舞者能舞出日落、龙翔、雷霆震怒、江海清光、波涛翻滚的壮观景象与万钧气势。

公孙大娘堪称开元盛世时期的唐宫第一舞人。那时，她正恰青春靓丽，也是身手最矫健的时候。从皇宫的宜春梨园弟子到宫外供奉的舞女，通晓此舞者唯公孙一人。公孙大娘之舞矫若游龙、流畅飘逸、节奏明快，挥洒出大唐盛世的万千气象。而在表演当场，"观者如山色沮丧，天地为之久低昂"，公孙大娘的英姿也深刻在杜甫幼小的心灵中。

童年的岁月烂漫而朦胧，许多珍奇的生活浪花泯灭在记忆的长河中，而公孙大娘的剑器舞使杜甫到晚年仍然记忆犹新。这一天是大历二年（767年）十月十九日，杜甫在夔州别驾元持家里看到临颍李十二娘舞《剑器》，勾起儿时回忆，眼前浮现出沙河之畔公孙大娘的娇美舞姿，便问她师从何人？她答说是公孙大娘的弟子。杜甫自道，六岁时随家居住在郾城，曾在县城街一睹公孙大娘风姿，抚今追昔，情绪激昂，感慨无限，便写下《观公孙大娘弟子舞剑器行》：

大历二年十月十九日，夔府别驾元持宅，见临颍李十二娘舞剑器，壮其蔚跂，问其所师，曰："余公孙大娘弟子也。"开元五载，余尚童稚，记于郾城观公孙氏，舞剑器浑脱，浏漓顿挫，独出冠时，自高头宜春梨园二伎坊内人泊外供奉，晓是舞者，圣文神武皇帝初，公孙一人而已。玉貌锦衣，况余白首，今兹弟子，亦非盛颜。既辨其由来，知波澜莫二，抚事慷慨，聊为《剑器行》。往者吴人张旭，善草书帖，数常于邺县见公孙大娘舞西河剑器，自此草书长进，豪荡感激，即公孙可知矣。

昔有佳人公孙氏，一舞剑器动四方。

观者如山色沮丧，天地为之久低昂。

㸌如羿射九日落，矫如群帝骖龙翔。

来如雷霆收震怒，罢如江海凝清光。

绛唇珠袖两寂寞，晚有弟子传芬芳。

临颍美人在白帝，妙舞此曲神扬扬。

与余问答既有以，感时抚事增惋伤。

先帝侍女八千人，公孙剑器初第一。

五十年间似反掌，风尘澒洞昏王室。

梨园弟子散如烟，女乐余姿映寒日。

金粟堆南木已拱，瞿唐石城草萧瑟。

玳筵急管曲复终，乐极哀来月东出。

老夫不知其所往，足茧荒山转愁疾。

这首诗气势雄浑，沉郁悲壮。"安史之乱"后，宜春坊、梨园坊的艺人早已各奔东西，如今只有李十二娘还在坚持舞剑。杜甫见《剑器》而伤往事，抚事感慨，大有时序不同而人事蹉跎之感。这首歌行既有"浏漓顿挫"的气势节奏，又有"豪荡感激"的感人力量，是七言歌行中沉郁悲壮的杰作。

由此可见，杜甫少年时期的生活对他的诗歌创作影响非常大。经历了与父亲的短暂相处后，杜甫不仅对韵律有了初步理解，而且开始注意诗歌的平仄、承转起伏。杜甫回到洛阳后，勤练书法，苦读诗文，仿作诗赋。据说他练习的草稿纸装了整整几麻袋。杜甫的继祖母也很喜欢这个孙子，常夸赞他是个小神童。

杜甫的童年正值开元盛世的开创期，生活还算安定。为开创盛世，唐玄宗颁布了一系列促进社会发展的政策。而各地官吏迎合上意，都爱捏造某处有奇花异草长成、某处有凤凰飞降之类的吉兆报告给朝廷。传说，杜甫七岁时，和几个小伙伴在河湾里玩耍，远远看见一只奇特而美丽的鸟从南方飞来，它越飞越近，飞着飞着，翩翩落在河滩上。杜甫跑到河滩仔细一看，神鸟不见了，只见河滩上有一颗五彩斑斓的鹅卵石闪闪发光。杜甫又惊又喜，急忙拾起来。小伙伴们都十分好奇，围上来争夺着想要看看。杜甫担心别人抢去，急中生智把卵石放到嘴里。谁想到，光滑的卵石"咕咚"一声滑进了他的肚子。

小伙伴们都吓坏了，赶紧回去向杜甫的二姑告状。二姑一听也吓得不轻，急忙叫人请医、灌药，试图让杜甫把卵石吐出来。左右邻居也都赶来，一边劝慰二姑，一边为杜甫祈祷。这时，杜甫突然感到肚里有一股热气直往上涌，最后实在忍不住了，"哇"的一声吐了出来。这一吐，满屋子五彩纷呈。众人以为是五彩石发出的光芒，定睛细看，地上哪有什么卵石，都是串串光彩夺目的诗句。

这个故事可能是后人杜撰的。但杜甫七岁的时候的确写过一首歌咏凤凰的诗。杜甫读书启蒙早，除经史著作外，屈原、宋玉、司马相如、曹植、陶渊明、谢灵运等人的作品他都喜欢读，《诗经》《楚辞》《文选》等更是他的珍爱。

一年清明节前，杜闲到偃师首阳山祭祖，杜甫随父前往。首阳山属于邙山的一段，且只有这一段是石山，最高峰海拔三百多米，它以首见日出而被命名首阳山。自春秋晋国以来，许多王公贵胄都葬于此地。杜氏家族自杜预始，有好几位先祖在此立墓，首阳山下有杜氏专为守制修建的临时住所。

首阳山位于洛阳与巩义中间，距洛阳的住所与巩义的老屋差不多远。杜甫跟随父亲在巩义、首阳山、洛阳三地尽情游历。其间，杜闲检查儿子的学习情况，让杜甫背诵了几篇辞赋。接着，杜甫又开始诵读宋玉的《对楚王问》，当他读到"凤凰上击九千里，绝云霓，负苍天，足乱浮云，翱翔乎杳冥之上。夫藩篱之鷃，岂能与之料天地之高哉"这一段时，不甚理解，便向父亲请教："凤凰鸟这么神奇，究竟是什么样子的？"

杜闲也从未见过凤凰鸟，他只得照书中所述给儿子解释："此鸟为古代传说中的鸟王，雄为凤，雌为凰。头像鸡，颈如蛇，颔似燕，背如龟，尾如鱼。这种鸟不与其他凡鸟为群，是高洁的象征。"杜甫用心听讲，并在心中勾勒出凤凰的形象。他沉思良久，对父亲说："有志之人当像凤凰一样，对不对？"父亲高兴地抚摸着儿子的头说："对，非常对。在古人心目中，凤凰从来不是那种凡夫俗子能够常见的鸟，而是人格神的化身。这种神鸟，难以用言语来形容。"

杜甫终于明白，凤凰只是一种祥瑞的象征物。古人提到凤凰，特别强调它"戴仁抱义"这一面，同时也赞美它清高超逸的一面，于是杜甫凭自己对凤凰的理解和想象，写了一首《咏凤凰》诗（原作失传），来表明自己对高洁品格的追求。杜甫后来用诗句表白："七龄思即壮，开口咏凤凰。九龄书大字，有作成一囊。"

几十年后，即乾元二年（759年）冬，杜甫从秦州（今甘肃省天水市）前往同谷（今甘肃省成县），途经凤凰台，忽发奇想，又写下《凤凰台》一诗，借托凤雏，以寓其志：

亭亭凤凰台，北对西康州。西伯今寂寞，凤声亦悠悠。山峻路绝踪，石林气高浮。安得万丈梯，为君上上头。恐有无母雏，饥寒日啾啾。我能剖心血，饮啄慰孤愁。心以当竹实，炯然无外求。血以当醴泉，岂徒比清流。所重王者瑞，敢辞微命休。坐看彩翮长，举意八极周。自天衔瑞图，飞下十二楼。图以奉至尊，凤以垂鸿猷。再光中兴业，一洗苍生忧。深衷正为此，群盗何淹留。

杜甫看到当时的贤良之士埋没在草莽之中，处境十分艰难，还要遭到群小的忌妒排挤，无法施展才能，因此表达愿意牺牲自己、保全贤者，让其辅助君王，拯救苍生的宏愿。由这首诗可以推想，他少儿时写的《咏凤凰》也当是远大志向的表达。这似乎是一个预兆，《咏凤凰》成了杜甫自占的预言，杜甫就在他五十九年的人生苦旅中，像凤凰于飞，喋血啼号。

贤良归盛族

　　杜甫十一二岁的时候，父亲杜闲回洛阳暂住。在继祖母卢太君的支持下，他父亲续娶了范阳（今河北省涿州市一带）卢氏为妻。杜甫的这位继母与他的继祖母卢太君都是范阳人氏，她们是否同族不得而知，但可以肯定这桩婚事是卢太君一手操办的。有资料显示，杜闲夫妇在婚后十多年时间里，生育了四个儿子：杜颖、杜观、杜丰、杜占，还有两个女儿，其名不详。

　　十三四岁的时候，杜甫已经健壮得像头小牛犊。这时正是一个男孩最野的时候，他不仅经常和伙伴到河里摸鱼，而且还上树摘梨打枣，十分顽皮。正如他自己诗中所言，"忆年十五心尚孩，健如黄犊走复来。庭前八月梨枣熟，一日上树能千回"。

　　杜甫性格急躁褊狭，爱冲动又比较固执，这可能是童年时期缺失母爱所致。在杜甫品格养成的关键期，还是他二姑和继祖母帮助了他。由于杜甫的生母去世得早，他后来在诗文中极少提及母亲，实在是因对母亲的印象太过模糊了。杜甫的二姑像母亲一样给他关爱，常给他讲他母亲一脉的家史，他的心灵受到极大震撼。

其实杜甫的母系一支也是名门望族，源于齐国公族。清河崔氏后裔长仕北朝，北魏开国元勋司徒崔浩更是将清河崔氏的声望推向了第一个巅峰。崔氏一度与范阳卢氏、荥阳郑氏、太原王氏并称为"四大家族"。到了唐朝，崔氏家族又与皇族联姻，有二十三人做过宰相，地位非常显赫。

杜甫的二姑还给他讲过与崔氏家族有关的一些凄惨故事。唐太宗李世民有个儿子叫李慎，被封为纪王在襄州任刺史。武则天当政期间，高祖李渊和太宗李世民的一些子孙都遭到武后的杀戮。越王李贞起兵讨伐武后失败，与越王关系较好的李慎受牵连下狱，改姓虺氏，被流放到岭外，途中便死去了。他的次子义阳王李琮也被关进河南的一所牢狱里。李琮的一个女儿嫁给了清河的崔氏，她天天穿着草鞋布衣，徒步行走于家与监狱之间，为父送衣送饭。她的作为感动了洛阳的许多人，大家称赞她"勤孝"。

义阳王李琮后被流放至桂林，途中被酷吏杀害。李琮的儿子李行远和李行芳也被流放到边远穷苦之地。按大唐的刑律论，李行远当斩，而李行芳因尚未成年，可免于一死。处决令下发后，李行芳抱着哥哥李行远啼哭不放，请求替他去死，但未准，最后两个人一同自尽。西南一带的百姓为之叹息哀悼，称赞李行芳为"死悌"。

"勤孝"和"死悌"的故事，都发生在李琮的子女身上，"勤孝女"就是杜甫的外祖母，而"死悌"兄弟就是杜甫母亲的两个舅父。杜甫从二姑那里听说了母亲家族中这样贤良和悌孝的事迹后大受教育，从小就怀有一颗赤诚的感恩之心，一生都讲究孝道。后来他的二姑去世，他在《唐故万年县君京兆杜氏墓志》中深情地回顾了二姑对他的养育之恩。

受二姑的教诲，杜甫后来一直与崔氏家族的姨表亲戚保持往来。

他的一个舅父在白水（今属陕西省渭南市），后来杜甫专程去那里看望这位舅父。他在流亡期间，在梓州、阆州、夔州，最后在潭州，都曾经和崔家的舅父或表弟们相遇，并且写诗送给他们。

杜甫晚年在夔州时，曾写有一首五绝诗《赠崔十三评事公辅》。在潭州又写了一首《奉送二十三舅录事之摄郴州》。这首长韵开头就写道：

> 贤良归盛族，吾舅尽知名。
> 徐庶高交友，刘牢出外甥。
> 泥涂岂珠玉，环堵但柴荆。
> 衰老悲人世，驱驰厌甲兵。
> ………………

从这些诗句里可以推想杜甫的舅家崔氏是一个盛大的家族。只可惜这个大家族，尤其是在他母亲直系的血统中，却含有浓厚的悲剧成分。

杜甫外祖父的母亲是舒王李元名的女儿。舒王也在武后当政年间，被来俊臣的党羽陷害，流放至利州（今四川省广元市），最后被杀害。杜甫后来在夔州遇到高祖李渊第十六子道王李元庆的玄孙李义，又联想到与崔氏家族有关联的皇室王族的不幸遭遇，临别时写了一首《别李义》长诗，开头几句写道：

> 神尧十八子，十七王其门。
> 道国洎舒国，督唯亲弟昆。
> 中外贵贱殊，余亦忝诸孙。
> 丈人嗣三叶，之子白玉温。
> ………………

神尧，指高祖李渊；道国，指李元庆；舒国，指李元名。诗中述及崔氏家族与皇族错综复杂的关系，但联姻所承袭的并不是王公贵族的奢华和荣耀，而是悲绝人伦的惨剧。杜甫的外祖母去世后，他与姨表兄弟郑宏之等人在洛阳北邙山合祭外祖父母，写了一篇《祭外祖祖母文》，一开始便说："维年月日，外孙荥阳郑宏之、京兆杜甫，谨以寒食庶羞之奠，敢昭告于外王父母之灵：呜呼！外氏当房，祭祀无主。伯道何罪？元阳谁抚？缅维夙昔，追思艰窭。"这篇祭文充满悲凉的气氛。

杜甫的母系家族的事迹对其后期的诗歌创作有很深远的影响，尤其是促进了他沉郁风格的形成。加上后来经历了"安史之乱"，他的诗歌"感盛衰，伤沦落，沉郁回环，忧愤深广，潜气内转而波澜老成，极顿挫之致"。

致君尧舜上

　　杜甫十五六岁的时候，就因诗赋文章写得好而小有名气，常"出游翰墨场"。洛阳作为东都，经济发达，文化繁荣，盛极一时。由于家世的关系，杜甫也经常出入岐王李隆范的府邸，结交名流，增长见闻。

　　杜甫的二姑父裴荣期是济王李环府中的录事参军，也是饱学之士，他极力为杜甫提供各种学习机会。这时候的杜甫有了"读书破万卷，下笔如有神"的感觉，并整日琢磨，通宵思考，如醉如痴地沉浸在创作的海洋中。他的自我感觉良好，认为有了书本知识的积累，就能在作文章时出神入化。甚至自认为他的辞赋可与汉代的扬雄匹敌；论起诗歌，堪与曹子建媲美。

　　在洛阳附近，有一个唐时京畿禁苑——神都苑。那里，亭台楼阁相连，假山秀水延绵，苑中的西上阳宫更是富丽堂皇，极尽奢华。祖父杜审言在内的"文章四友"和"方外十友"大多居住在这一带。杜甫五六岁时，就曾与二姑父一起来这里，和一些官宦子弟接触，到一些名士家中拜访请教，诸如岐王李隆范、嗣虢王李邕、郑州刺史崔尚、豫州刺史魏启心、驾部员外郎王翰等。这几人皆满腹经纶，才学高深。尤其李邕诗文、书法、篆刻皆佳，人称"三绝"。他的书法取势纵长，奇宕流畅；书法苍健，笔力遒劲。"骨力存于风神之中，形盛寓于笔画之间"，动中有静，静中有动，笔已断而意犹连。杜甫暗自叹服，时常仿作和临帖。

由于杜甫经常出入岐王李隆范和中书监崔涤的门庭，还得以欣赏李龟年的歌唱艺术。李龟年是开元时期尤其蒙受恩赏的著名歌唱家。杜甫初逢李龟年是在少年时期，正值所谓的"开元全盛日"。所以，在杜甫的心目中，李龟年与鼎盛的开元时代和自己充满浪漫情调的少年时期，紧紧联结在一起。多年后，在大历五年（770年），杜甫在长沙曾写过一首《江南逢李龟年》，追忆往昔与李龟年的接触，流露出对少年时光和"开元全盛日"的深情怀念。"岐王宅里""崔九堂前"，仅这两个名字就足以勾起杜甫对"全盛日"的美好回忆。

与洛阳名士的密切来往，让杜甫的诗艺长进得很快。灵气蕴藉的东都山水怡养了杜甫高尚的性情，那里深厚的文化底蕴启迪了他宽广的文学情怀。杜甫在天宝九年（750年）所作的《进雕赋表》中说自己"自七岁所缀诗笔，向四十载矣，约千有余篇"。虽然在现存杜诗中，作于天宝九年以前的诗作不足五十首，但仍可见当时繁荣的社会环境对他的创作的积极影响。

在良好文化的熏陶下，杜甫表现出卓越的文学才能，博得一众前辈的赏识，与之交往的多是一些老辈诗人，他曾在诗中说道："脱略小时辈，结交皆老苍。"随着年岁渐长，杜甫读书更加勤勉，加上才华出众，"李邕求识面，王翰愿卜邻"。当时，李邕在杜甫"出道"之前就已被封右卫左郎将、嗣虢王；诗人王翰在杜甫出生前两年就已经中进士，聪颖过人、才智超群。

杜甫凭借祖父、继祖母的关系，很早就有条件"出游翰墨场"。他经常参加当时的文学聚会，向老一辈的诗文作家请教学问或诗文创作。在李邕、王翰、崔尚等前辈的引领之下，杜甫对儒学的理解更为深入，内心深处无时不怀着强烈的社会责任感和使命感。

然而，在盛唐时期还从未有谁能以诗赋文章在仕途上一帆风顺。盛唐文士众多，但诗歌只是博取名声和进身仕途的工具，杜甫当然也不例外。杜甫少年得意，"饮酣视八极，俗物都茫茫"。开元十三年（725年），唐玄宗从东都出发封禅泰山，仪式盛大。身在东都的杜甫有机会亲临仪式现场，这也为他的远大志向增添了亮彩。他以"甫昔少年日，早充观国宾"而自豪，十六七岁即树立了"致君尧舜上，再使风俗淳"的理想。杜甫忠君的直接动力是"奉儒守官"，求官入仕，期望君臣遇合，建立功业。

多年后，即天宝七年（748年）时，杜甫在长安谋求官职。左丞韦济很赏识他的诗，曾表示过关怀。杜甫心怀感恩，写了一首《奉赠韦左丞丈二十二韵》：

纨绔不饿死，儒冠多误身。丈人试静听，贱子请具陈。甫昔少年日，早充观国宾。读书破万卷，下笔如有神。赋料扬雄敌，诗看子建亲。李邕求识面，王翰愿卜邻。自谓颇挺出，立登要路津。致君尧舜上，再使风俗淳。此意竟萧条，行歌非隐沦。骑驴三十载，旅食京华春。朝扣富儿门，暮随肥马尘。残杯与冷炙，到处潜悲辛。主上顷见征，欻然欲求伸。青冥却垂翅，蹭蹬无纵鳞。甚愧丈人厚，甚知丈人真。每于百僚上，猥诵佳句新。窃效贡公喜，难甘原宪贫。焉能心怏怏，只是走踆踆。今欲东入海，即将西去秦。尚怜终南山，回首清渭滨。常拟报一饭，况怀辞大臣。白鸥没浩荡，万里谁能驯？

这首诗是杜甫对他少年时期的一次总结，也可以说是他政治理想的一次重要表达。诗中稍有"大言"之辞，却明确地叙述了他的生平和理想，足显他满腹经纶，志向不凡。

然而，杜甫后来见证了大唐一个时代的变化，加上家道中落，一生仕途不顺，屡受打击，经过一番奔波游走之后也仅仅得到了河西尉之职。他那宏图伟志被磨砺殆尽，剩下的只有对黑暗官场的失望。他常自称"乾坤一腐儒"，他的一生不是在长安街头"朝扣富儿门，暮随肥马尘"，就是拖家带口地"漂泊西南天地间"。他在五律《官定后戏赠》一诗中写道："不作河西尉，凄凉为折腰"。他的诗词中不再有豪情壮志，更多的是穷苦大众的悲惨经历。他对于人民的灾难有深切的同情，对于国家的命运有真挚的关心，不管自己多么困苦，他都是真真切切地忧国忧民。

杜甫后期的诗作一扫当时文坛谄媚阿谀的风气，其现实主义的写法让后世真实地看到了唐朝由盛到衰的变化以及当时的社会风情。后人因此尊称他为"诗圣"。

第二章

裘马清狂　人生会当凌绝顶

　　十八岁，杜甫开始了他"行万里路"的游历，或是为避洪灾逗留郇瑕，或是广游吴越增长见识，或是在齐赵故地携友纵游……十余年的壮游，坚定了他的青云之志和入仕的决心。其后，杜甫遇到了与他相濡以沫、风雨同舟的人生伴侣杨氏。

剡溪蕴秀异，欲罢不能忘

在唐代，文人们大部分在青年时有一段或长或短的游历期，这给文人们的生平经历渲染上一层浪漫色彩。虽然他们出游的目的不尽相同，但有一个共同点，那就是胸怀"四方之志"，以诗文作自我宣传，结交权贵，为仕途前程打基础。时间一长，渐成风气。唐代的读书人在成功地迈入仕途之前，多方游历，特别是要到江南漫游，已成必修课。杜甫虽然以"读书破万卷"著称，但他并不是一个躲在书斋里的书呆子。他像众多追求功名的文人志士一样，在十八九岁就开始漫游四方。

开元十八年（730 年）夏，暴雨连连，洛水猛涨，冲毁了洛阳的天津桥、永济桥，许多来自江南的租船沉溺在洪水中，上千户民居被冲毁。杜甫一度到郇瑕（今山西省临猗县）躲避洪水。

郇瑕，在周朝时是一个小国，称猗氏。猗氏国君为姬姓，这里原是周文王一个儿子的封地，后来为晋国兼并，故属于晋国故地。这里有一个非常大的盐池，名为解池，尧、舜、禹都在这一带活动过。传说虞尧曾在解池畔托琴而歌，吟咏了一首《南风歌》，并传于后世。杜甫与韦之晋、寇锡等人北渡黄河后，顺便在郇瑕游览了一番。杜甫在这里遇到了一位姓韦的大夫，杜甫尊称他"丈人"。据说，杜甫的妹妹后来就是嫁给了这位韦公的儿子。

不过，杜甫等人游郇瑕主要是避灾，而不是为寻访古迹，且他们只停留了几天就回到洛阳，尚不能算是漫游的开始。

开元十九年（731年），杜甫的父亲杜闲擢升为奉天（今陕西省乾县）县令。奉天离都城长安很近，杜甫想随父游历西都，但被继祖母劝阻，理由是他要准备科考，杜氏家族"奉儒守官"的家风要靠他传承并发扬光大。

虽然少年时期的杜甫擅长读书写字、作诗为赋，却想出去游历增长见识。正值大唐进入开元盛世，"稻米流脂粟米白，公私仓廪俱丰实。九州道路无豺虎，远行不劳吉日出。齐纨鲁缟车班班，男耕女桑不相失。宫中圣人奏云门，天下朋友皆胶漆"。一些文人墨客一时崇尚壮游天下，走南闯北，看名山大川，品风土人情，以拓心胸，以广见识。因此，杜甫在父亲还未北上之前，就拟定计划往东南各地游历。

东南最吸引人的地方就是扬州、金陵。中国在晋代结束了二国纷争，琅琊王司马睿建立了东晋王朝，定都建康（金陵，今南京市）。自此至唐，有六个王朝建都金陵，故金陵有"六朝古都"之称。这个自古以来的商贾云集之地，也积累了一大批既懂政治又善诗文的杰出人才。一批批"东晋才子"应运而生，最著名的当数王、谢两家，知名人物如王融、王籍、王褒、王肃，谢安、谢玄、谢灵运、谢朓等。隋唐的文人墨客包括杜甫对晋魏的才子都十分推崇。当然，对他们能受到王朝的重用也很羡慕。

在杜甫等诗人心目中，江南自古出才子佳人，江南的风景更是如诗如画，精致而不失典雅。"汀洲采白苹，日落江南春""江南倦历览，江北旷周旋""野旷天低树，江清月近人"，还有李白写的"地即帝王宅，山为龙虎盘"……这些描写江南秀丽风光的诗句让杜甫向往不已。他规划的路线是洛阳、泗水、运河、广陵、金陵、江南运河至杭州，最后到剡溪及离剡溪不太远的天姥山。

此时的杜甫心中已有一个偶像，那就是诗人李白。杜甫听说这位偶像几年前曾在金陵、广陵（今江苏扬州）等地几月内散尽千金。他没有李白富裕，但也有便利条件。他的三叔杜登在浙江武康（今湖州市）任县尉，他的大姑父也在常熟做官，而在鱼米之乡的江南，一斗米不过十余文，一匹绢也才二百文左右，他选择了一种最经济实惠的自助游方式。但就这次在江南地区的漫游活动，他没有留下一手记录，如今只能靠杜甫自己的回忆来了解他的这一段经历。从他传世的一千五百多首（篇）诗文作品中，可以找出那些只语片言和一鳞半爪，从而勾勒出他青年时代漫游的生活轨迹。

先是，杜甫在《进三大礼赋表》的开头，有这样的话："臣生长陛下淳朴之俗，行四十载矣。与麋鹿同群而处，浪迹于陛下丰草长林，实自弱冠之年矣。"也就是在开元二十年（732年）夏，二十岁的杜甫怀揣梦想，意气风发地上路了。他经广陵渡江前往金陵，游览了六朝古都，并在那里认识了许八。多年后，他在那首《因许八奉寄江宁旻上人》诗中，追忆了这段逍遥岁月，并捎去了对旧友的*丝丝牵念*：

> 不见旻公三十年，封书寄与泪潺湲。
> 旧来好事今能否，老去新诗谁与传。
> 棋局动随寻涧竹，袈裟忆上泛湖船。
> 闻君话我为官在，头白昏昏只醉眠。

在江宁，杜甫还欣赏了顾恺之的维摩诘壁画。《送许八拾遗归江宁觐省》诗序中有叙："甫昔时尝客游此县，于许生处乞瓦棺寺维摩图像，志诸篇末。"对杜甫而言，与顾恺之《维摩诘像》的不期而遇是他青年时期受到的一次极好的美术教育，他硬是向朋友许八索讨了一副仿品。

在古都金陵待了没多久，杜甫继续南下。他在江南走的正是唐前期诗人们经常走的一条路，也就是后来被人命名为浙东的"唐诗之路"。自钱塘江，上溯到绍兴镜湖，沿浙东运河、曹娥江，然后向南折入剡溪，经沃洲山（今浙江省绍兴市新昌县东）、天姥山直抵天台山石梁飞瀑。

在苏杭一带，杜甫游过魏晋诗人何逊、鲍照、庾亮等歌咏的地方，置身于秀山丽水中，杜甫兴致盎然，一路上慨叹不已。他来到吴国故都苏州，登姑苏台，看着千古高台之上大王庙俨然生辉，万代运河子民被泽千载。忆古抚今，杜甫感慨万千。那时吴王夫差凿邗沟，始成江南大运河，建立了千秋不朽的功业。运河兴则淮扬昌，运河清则子民福。杜甫临大王庙，思吴王之泽，感怀兴盛之变，作诗寄情。同时，他惜叹已看不到谢朓、王羲之等文人雅客们风流蕴藉的背影，再也找不到他们的雅集之所了，他看到的只是时间留下的苍凉背影。

在姑苏，他拜访了吴王阖闾的坟墓，游览了虎丘山的剑池；走到长州苑，正赶上荷花盛开，他立刻想到那首汉乐府，"江南可采莲，莲叶何田田"。看着亭亭荷花迎风而立，扑鼻的荷香让人心旷神怡，浑身的疲累也烟消云散了。在江苏无锡，他拜谒泰伯庙，望着池塘里的寺庙倒影，他追忆了一段与岐山有关的历史、泰伯"三让"的故事，以及泰伯开发江南的丰功伟绩。

随后，杜甫经江南运河去湖州，拜访他的叔父杜登。在叔父的关照下，杜甫到越国故地游览。从杭州到会稽，迎接他的是鉴湖的潋滟水色与婀娜曼妙的越女。杜甫怎能不想起，这里曾经是美女西施的故乡。这位美丽的女子一千多年前就在这里浣纱。杜甫仿佛看到了清澈的若耶溪畔，一群体态窈窕的女子头戴草帽，身着素衣，蹲在溪边，双手拿着薄如蝉翼的丝纱，在水中来回摆动。杜甫想象着与浣纱女的邂逅，令他在内心深处鼓噪起最隐秘的冲动，"欲罢不能忘"；然后，再一路南下，经剡中，最后到达天姥山。杜甫在钱塘江南岸的这片土地上尽情挥霍着自己的青春岁月。

杜甫在江南漫游的过程中，历览了诸多名胜古迹，领略了江南水乡的无限秀美，也温习了一遍历史，更加深了他对祖国山河的热爱和对古代文明的认知。江南的秀山丽水，不仅滋润了他那颗年轻烂漫的诗心，同时也在无形中塑造了他的审美与人生意趣。

杜甫在这一带逗留了近四年之久。他在后来的诗歌创作中，多次提到游览过的地方：虎丘、姑苏台、长洲苑、泰伯庙、剑池、剡溪、鉴湖、天姥山……从这一个个有据可查的地名看，杜甫在苏州驻留的时间要比其他地方长一些。不管是踏访虎丘，还是观赏长洲荷花，他都能在多年以后的一些诗作里回忆起来，情节之细腻真切，足见他对吴地的深深眷恋。比如游吴越几年后，他在游齐赵期间写了一首五律《夜宴左氏庄》：

> 林风纤月落，衣露净琴张。
> 暗水流花径，春星带草堂。
> 检书烧烛短，看剑引杯长。
> 诗罢闻吴咏，扁舟意不忘。

席上杜甫以吴音咏诗，描写夜宴上之所见，林风、纤月、湛露、净琴、暗水、花径、春星、草堂。诗中透着隐隐的生气，散发出丝丝的野趣。杜甫触景生情，又忆起泛舟吴越的往事。全诗清丽明快，取象自然而脱俗，称得上杜甫前期诗篇的典范之作。

再如，他四十四岁时写的《奉先刘少府新画山水障歌》中有两句："悄然坐我天姥下，耳边已似闻清猿。"时隔二十多年，杜甫已经游历过许多地方，还特别回忆起天姥山，可见天姥山留给他的印象有多么深刻。他晚年在《逢唐兴刘主簿弟》一诗中，也流露出重游浙东的愿望。

大历元年（766 年）秋，他写了一首《壮游》诗，其中一段这样写道：

> 东下姑苏台，已具浮海航。
> 到今有遗恨，不得穷扶桑。
> 王谢风流远，阖庐丘墓荒。
> 剑池石壁仄，长洲荷芰香。
> 嵯峨阊门北，清庙映回塘。
> 每趋吴太伯，抚事泪浪浪。
> 枕戈忆勾践，渡浙想秦皇。
> 蒸鱼闻匕首，除道哂要章。
> 越女天下白，鉴湖五月凉。
> 剡溪蕴秀异，欲罢不能忘。

穿过岁月的迷雾，回望杜甫这四年的旅程，让人恍惚看到一个古代的书生在青山绿水的江南大地潇洒行走的身影。

杜甫的这次"壮游"并非指青壮年的闲游，亦非壮士的游历，而是心怀壮志地出游；更直白地说，是为了能够实现他自己的壮志，不得不出发的一场旅行。一方面他希望在江南得到贵人相助，将来可以直接参加朝廷举行的进士考试或选拔官员的考试；另一方面，唐朝人想要进京考进士，必须先得到地方官的举荐，而考中进士后要想实授官职，通常还要得到朝中权贵的保举，所以拜访高官显贵不可或缺。因此，为了前途，为了准备入仕的"敲门砖"，即让人惊叹的拜谒诗，他一要搜集素材，二要拜访高官，不去满世界转一转，怎么行得通呢？故而有了此次"壮游"。

会当凌绝顶，一览众山小

开元二十三年（735 年）春，二十三岁的杜甫因一封家信的到来结束了自己长达四年的吴越之游，回到洛阳。原来他的继祖母已经为他报名参加乡试。

这就是杜甫所说的"归帆拂天姥，中岁贡旧乡"。但他对这次考试似乎并不太上心，所以毫不意外地落选了。

贡举落第并没有给青春正盛的杜甫带来多大打击，考试后没几天，他就到龙门石窟的奉先寺游览了一趟。龙门石窟的奉先寺位于洛阳市城南的伊阙山下。这里香山和龙门山两山对峙，伊河水从中间穿流而过，远远望去犹如一座天然的门阙，故称之"伊阙"。奉先寺是龙门石窟中规模最大、最具有代表性的露天佛龛，造像形态各异，刻画传神。杜甫夜宿山寺，临窗迎风，回想白天亲历的那种宁静深邃同时又缤纷多彩的境界，对人生有所感悟，于是写下《游龙门奉先寺》一诗：

已从招提游，更宿招提境。

阴壑生虚籁，月林散清影。

天阙象纬逼，云卧衣裳冷。

欲觉闻晨钟，令人发深省。

在洛阳周边闲游数月后，杜甫准备再次远游。恰在此时，杜闲擢升为朝议大夫，实授河南道兖州司马，正五品。他到兖州上任后不久，杜甫便借省亲之名，漫游齐赵。与吴越的"自助游"相比，这一次他经历了一场较奢华的旅行。

齐赵一带，大致为古赵国（今河北西部和南部）与古齐国（今山东中北部）。杜甫的这次漫游也没有详细的文字记载，但从《壮游》一诗中可看出在这段漫游生活中，他衣轻裘、策良马，将大部分时间用来射飞鸟、逐走兽、呼猎鹰，纵横山林间。他在诗中写道：

放荡齐赵间，裘马颇清狂。

春歌丛台上，冬猎青丘旁。

呼鹰皂枥林，逐兽云雪冈。

射飞曾纵鞚，引臂落鹙鸧。

苏侯据鞍喜，忽如携葛强。

……　……

在此期间，他结识了朋友苏源明，二人意气相投，相携纵游。苏源明原名苏预，字弱夫，乃京兆武功（今陕西省武功县）人。因早年父母皆丧，先后流寓徐州、兖州一带，曾隐居泰山读书。他们结交后，一起漫游齐鲁。几十年后，杜甫在流寓夔州期间曾作一组《八哀诗》，其中《故秘书少监武功苏公源明》一诗称赞苏源明少而好学，忍饥垢衣，贫能苦志。杜甫在诗中深情地回顾了他们二人的平生交谊，及在山东同游的情景：

> 武功少也孤，徒步客徐兖。
>
> 读书东岳中，十载考坟典。
>
> 时下莱芜郭，忍饥浮云巘。
>
> 负米晚为身，每食脸必泫。
>
> 夜字照爇薪，垢衣生碧藓。
>
> ……………
>
> 结交三十载，吾与谁游衍？

杜甫回忆起这段漫游的生活时依然留恋不已。按《壮游》诗中提及的地名顺序，可以推想，杜甫先北上游览了邯郸丛台。这里因楼榭台阁众多，有天桥、雪洞、花苑、妆阁诸景，故名"丛台"。又因始建于战国赵武灵王时期，是赵王检阅军队与观赏歌舞之地，古称"武灵丛台"。

登上丛台极目远眺，西边的巍巍太行山层峦起伏，云雾漫崖壁。西南赵王城蜿蜒的城墙隐约可见，西北赵国的铸箭炉、梳妆楼和插箭岭的遗址尽收眼底。杜甫见此辽阔美景，自然要迎风高歌，怀古抒情。只可惜杜甫所吟诗歌未能传世。

在盛唐，狩猎不仅是劳动生活的一部分，更是士人冶游的乐趣来源。有人嗜琴棋书画，有人好金戈铁马，而杜甫不仅诗画出众，还是一个骑胡马、挟长弓、箭不虚发的射手。《壮游》中提到的"冬猎青丘旁"，即是杜甫在青州西北的青丘原野狩猎。齐国故都是临淄，青丘在临淄东北方向。传说这一带物产丰饶，四季如春，盛产九尾狐。杜甫生活的时代，青丘国早就不在了，甚至九尾狐也未必有，他只想寻幽访古，见识一下那个神奇的地方。

和杜甫一起游猎的正是武功的苏源明，他正好徒步旅行，在徐州、兖州一带作客。杜、苏二人携手同游，登上青丘高岗，四周都是茂密的松树林，群山环抱，风一吹，林中便发出虎啸之声。他们打马奋蹄，马蹄声惊动了荒原上的群兽。一群野兔跑了出来，二人呼鹰逐犬，弯弓搭箭，两箭齐发，两只野兔应声倒地，鹰叼犬含，将两只猎物纳入囊中。此时的杜甫英俊年少，豪情不输当年的齐景公。有一天，杜甫忽然看见远远飞来一只鸷鸧，他立刻放开马缰，拉满弓向天空射出一箭，霎时间这只凶猛的鸟儿便落在马前。杜甫对此段经历颇感得意，几十年后依然记忆犹新。

　　从赵之丛台到齐之青丘，一夏一冬就过去了。其间杜甫见识了许多名山秀水，但他留下的诗作却少之又少。他在歌咏游猎时偶有感触，《登兖州城楼》一诗当数第一：

> 东郡趋庭日，南楼纵目初。
> 浮云连海岱，平野入青徐。
> 孤嶂秦碑在，荒城鲁殿余。
> 从来多古意，临眺独踟蹰。

　　杜甫登上兖州城楼，极目而望，但见浮云连绵于大海和泰山的上空，平野苍茫，远远伸向青、徐二州，心中十分感慨。他以地理为经、以历史为纬，分别进行游览与思考，又联想到位于兖州东南方向的峄山上还留有秦始皇的功德碑，曲阜城东还留有汉景帝儿子鲁恭王所建的灵光殿，不禁感慨万千。

　　游山玩水之际，大好河山也让杜甫的青云之志愈加坚定。他的这首《画鹰》便是借鹰言志：

> 素练风霜起，苍鹰画作殊。

> 㧐身思狡兔，侧目似愁胡。
>
> 绦镟光堪擿，轩楹势可呼。
>
> 何当击凡鸟，毛血洒平芜。

这是一首题画诗。杜甫通过描绘画中雄鹰的威猛姿态、凌厉的攻势以及搏击的激情，将鹰人格化，既抒发了他疾恶如仇的情怀，也表达了他的凌云壮志。

这期间，杜甫借状物写景以言志的诗作还有一首五言律绝《房兵曹胡马诗》：

> 胡马大宛名，锋棱瘦骨成。
>
> 竹批双耳峻，风入四蹄轻。
>
> 所向无空阔，真堪托死生。
>
> 骁腾有如此，万里可横行。

大宛马以"汗血宝马"称第一，此诗将状物和抒情结合得自然无间。在写马中也写人，一方面赋予马以活的灵魂，用人的精神进一步将马写活；另一方面写人有马的品格，人的情志也有了形象的表现。整首诗写得矫健豪放，沉雄隽永，用传神之笔描绘出一匹神清骨峻、驰骋万里的"胡马"，借此期望房兵曹为国建立功业，也表达了杜甫自己的雄心壮志。

对于杜甫来说，雄伟壮丽的泰山是他向往的一处圣地。大约在开元二十七年（739 年）秋天，他登上泰山的日观峰，翘首八荒。但见山腰云雾弥漫，山顶气霭蒙蒙，峰头若隐若现。眼前景象让人胸怀涤荡，豪气干云。蓦地，一群群小鸟从天边飞来，向大山中飞去，仅一刹那就隐没了踪影，再难觅其迹。感触的火花骤然迸发，在他面前汇成一团火焰。于是杜甫写下了五言律诗《望岳》：

岱宗夫如何？齐鲁青未了。

造化钟神秀，阴阳割昏晓。

荡胸生层云，决眦入归鸟。

会当凌绝顶，一览众山小。

　　自古以来，登览泰山的文人墨客不知留下多少诗篇，但以杜甫这首诗影响最大。他的诗特别之处在于不写具体的美景风光。他说因造物主偏爱这方山岳，所以将人们能想到的美景秀色都送给了他。有了这样的交代，读者再把泰山的挺拔高耸想象得多么无与伦比都不会过分，因为还有什么高度可以高到将山南、山北分割成明亮与昏暗的两个世界呢？

　　诗中热情地赞美了泰山高大雄伟的气势和神奇秀丽的景色，也透露了杜甫早年的远大抱负。此诗历来被誉为歌咏泰山的绝唱。尤其是尾联"会当凌绝顶，一览众山小"完全说出了彼时杜甫要出人头地的决心，成为千古立志佳句。

　　与其他盛唐诗人的诗一样，杜甫的诗中也充满了理想主义和浪漫主义的色彩。《画鹰》和《房兵曹胡马诗》这二首诗，虽前者系咏画鹰，后者系咏宝马，但它们却有相似的特点——在骏马、雄鹰的形象中寄托着杜甫雄壮、积极的人生理想，都是典型的盛唐之音。而《望岳》更表现了青年杜甫敢于攀登绝顶、俯视群山的气概和雄心，洋溢着青春的激情，昂扬而乐观。这是一个可喜的征兆：杜甫——盛唐诗坛的后起之秀——终将要超越前人而攀上诗国中的顶峰！

　　杜甫在赵齐流连四五年之久，游遍各处古代遗迹和名山秀水。每到一处，都有不同的感受。他登过邹城境内的驿山，游览过鲁国故城。他当时所见已是残碑荒城，所以畅游中不免流露出惆怅之情。

壮游的目的不只是饱览山河之美，更要紧的是结交趣味相投的朋友，诗酒唱和，传播名声；拜谒名宦雅士，希望获得赏识，寻求出仕当官的捷径。因此，杜甫在此期间写了不少宴请迎送之作。他在旅居兖州期间，作有《题张氏隐居二首》。

其一

春山无伴独相求，伐木丁丁山更幽。

涧道余寒历冰雪，石门斜日到林丘。

不贪夜识金银气，远害朝看麋鹿游。

乘兴杳然迷出处，对君疑是泛虚舟。

其二

之子时相见，邀人晚兴留。

霁潭鳣发发，春草鹿呦呦。

杜酒偏劳劝，张梨不外求。

前村山路险，归醉每无愁。

诗中所言张氏，当指张建封（另一说指其父张玠）。张建封为邓州南阳人，少喜文章，能辩论，慷慨尚气，自许以功名显。杜甫旅兖期间与张结识。第一首诗便是作于与他初识时。从第二首诗中描述可看出二人关系更为熟识。

同期，杜甫还作有两首五言律诗《刘九法曹郑瑕邱石门宴集》和《对雨书怀走邀许主簿》。《刘九法曹郑瑕邱石门宴集》一诗写道：

秋水清无底，萧然静客心。

掾曹乘逸兴，鞍马到荒林。

能吏逢联璧，华筵直一金。

晚来横吹好，泓下亦龙吟。

此诗写到官吏赴宴，使酒宴增色万倍，连笛子吹出的曲音也如深潭龙吟一般，显然有奉迎之意。

《对雨书怀走邀许主簿》一诗作于初秋的一个雨天。这天杜甫邀请许主簿至酒楼登高望远，饮酒赋诗唱和。他首唱：

东岳云峰起，溶溶满太虚。

震雷翻幕燕，骤雨落河鱼。

座对贤人酒，门听长者车。

相邀愧泥泞，骑马到阶除。

许主簿的和诗未见传世。杜甫与这位任城（今山东省济宁市）的许主簿结为好友后，又一起游南池。明代徐标的《南池赋》中云："李、杜尝往来吾鲁，于济有太白楼，下有南池，子美与许主簿旧游处，世代屡迁，乃署'古南池'。"同游南池后，杜甫又作了《与任城许主簿游南池》一诗：

秋水通沟洫，城隅进小船。

晚凉看洗马，森木乱鸣蝉。

菱熟经时雨，蒲荒八月天。

晨朝降白露，遥忆旧青毡。

虽有奇景在前，杜甫诗中却透露出淡淡的伤感和凄凉，这似乎与他快意畅游的心情不恰。

也许是因杜甫在干谒权贵过程中心里感到不痛快。本是正直的文人，却要在酒席宴会上与官吏把酒言欢，曲意逢迎，因此，他的内心充满了不甘与伤感。况且，秋天总是给人凋零之感，无论秋色多美，其诗文中也会略带淡淡的思乡之愁。不过，到了春天，杜甫的诗就明媚生动了许多。他在《丽春》一诗中写道：

> 百草竞春华，丽春应最胜。
> 少须颜色好，多漫枝条剩。
> 纷纷桃李枝，处处总能移。
> 如何贵此重？却怕有人知。

杜甫赞赏丽春花不仅艳美不自夸，且具有独特品性，借写丽春花的品性以自喻。

他还在《春水》诗中写道：

> 三月桃花浪，江流复旧痕。
> 朝来没沙尾，碧色动柴门。
> 接缕垂芳饵，连筒灌小园。
> 已添无数鸟，争浴故相喧。

这一首写仲春桃花绽放，春雨涨江水，鸟浴声喧，得水为乐，生机勃勃。这些诗作，都体现了杜甫前期的创作特色。

开元二十九年（741 年）夏，杜甫接到弟弟杜颖的一封家信，说到黄河泛滥，堤防堪忧的事。杜甫立刻写了一首《临邑舍弟书至，苦雨黄河泛溢堤防之患，簿领所忧，因寄此诗用宽其意》：

二仪积风雨，百谷漏波涛。闻道洪河坼，遥连沧海高。职思忧悄悄，郡国诉嗷嗷。舍弟卑栖邑，防川领簿曹。尺书前日至，版筑不时操。难假鼋鼍力，空瞻乌鹊毛。燕南吹畎亩，济上没蓬蒿。螺蚌满近郭，蛟螭乘九皋。徐关深水府，碣石小秋毫。白屋留孤树，青天矢万艘。吾衰同泛梗，利涉想蟠桃。倚赖天涯钓，犹能掣巨鳌。

　　大约在夏冬之交，杜甫离开山东，返回东都洛阳，结束了他长达五年之久的初次赵齐之游。

并蒂芙蓉本自双

　　杜甫回到洛阳不久，又在自家祖陵所在的首阳山下，用土砖垒成一栋房子，这就是后来他在诗中经常提到的"尸乡土室"，又称"陆浑山庄""土娄庄"。土室落成后，他写了一篇《祭远祖当阳君文》。在颂扬了远祖当阳君杜预的功绩和智慧后，他虔诚地表示自己要继承先祖遗志，将杜氏家风发扬光大。

　　在首阳山下，杜甫一边读书赋诗，一边与当地名士交往。二十九岁时，杜甫娶了弘农县（今河南省灵宝市）司农少卿杨怡十九岁的女儿为妻。司农少卿大致相当于现在的财政兼农业局的副局长，而杜甫的父亲杜闲是兖州司马。这在讲究门第出身的盛唐时期，杜甫与杨氏的结合算得上是门当户对。杜妻杨氏受过良好的家庭教育，善良贤淑，通情达理。夫妻二人感情笃厚，即使后来在颠沛流离的艰难岁月中，他们仍然相濡以沫，风雨同舟。

　　杜甫夫妇后来生育两子宗文、宗武，一女凤儿。长子宗文出生于尸乡土室，杜甫后来也多次提到首阳山下的这个家。唐天宝七年

（748年），杜甫作了《奉寄河南韦尹丈人》一诗，最后两句写道："尸乡余土室，难说祝鸡翁。"据说，祝鸡翁为洛阳人，居尸乡北山下，养鸡千余只，每只都有名字，一叫它们的名字，鸡群就会围拢过来。杜甫借《列仙传》的典故，写自己在尸乡土室神仙般的生活，显然他们夫妇婚后是非常恩爱和谐的。

然而好景不长，杜甫婚后不久，父亲杜闲在兖州司马任上病逝。杜甫的经济来源一下子被切断，生活也渐渐穷苦起来。杜甫是个家庭责任感极强的人，身为人父、人夫，却无法解决家人的温饱安宁问题，反而常常让妻子为全家人的生计忧虑。由于追求仕途事业和不朽的功名，杜甫不得已变成了一个"不称职"的丈夫。

天宝十三年（754年），杜甫在京城依然没有着落，只好把家安置在离京城二百里远的奉先县。第二年，他任右卫率府曹参军后一个月，便动身到奉先探望妻子。虽说他婚后终于谋得官做，但官职卑微，俸禄很低，因而生活十分贫困。杨氏充分体恤丈夫的难处，一点也不指责杜甫是"书呆子"，而是含辛茹苦、节衣缩食、无怨无悔地操持着家庭。她没有一点娇弱之气，有的只是一个朴素的劳动妇女的坚韧。她整日扛着锄头，日出而作；日落之后，在微弱的油灯下缝补破了又破的衣裳。

再后来，国家战乱，杜甫一家四处逃亡，贫困、疾病、频繁的离别和担惊受怕，成了这个家庭日常生活的主要内容。但是，再苦、再穷，杜甫都没有弃杨氏而不顾。出身官宦人家的杨氏从未跟着杜甫享受过荣华富贵，就连拥有个安定居所也是一种奢望，但杨氏始终恪守礼制，夫唱妇随，哪怕是背着行囊四处逃难也对丈夫不离不弃。这使杜甫心存感激，并生发出深深的自责。他在《自京赴奉先县咏怀五百字》一诗中说："所愧为人父，无食致夭折。"大雪封了回家的路，他写道："老妻寄异县，十口隔风雪。谁能久不顾，庶往共饥渴。"表达了与妻子同甘苦、共患难，生死相依的愿望。

杜甫虽没有写过传唱千古的情诗，但在历代诗人中，他的诗里出现"妻"字频率最高。在杜甫的笔下，我们可以看到一位几近完美的女性。她简衣素食、勤劳质朴、温良贤惠、温柔可人。这个女人不是千金骏马换来的狎妓，也不是高高在上的贵妃，只是他朝夕相处、教了有方的妻子。

天宝十五年（756年）"安史之乱"后，杜甫欲追寻皇室，只身奔赴灵武（今宁夏回族自治区灵武县），结果途中被叛军所俘，押往长安。当时妻儿在鄜州（今陕西省富县）妻舅处。杜甫与妻儿分隔两处。在一个月夜，孤身被囚的杜甫望着天空中的一轮冷月，感伤国事，思念亲人，情不自禁地为妻子作了一首《月夜》：

> 今夜鄜州月，闺中只独看。
>
> 遥怜小儿女，未解忆长安。
>
> 香雾云鬟湿，清辉玉臂寒。
>
> 何时倚虚幌，双照泪痕干。

杜甫写思念之情却不说自己在思念，只猜说今夜鄜州的天上也挂着同样一轮明月。而妻子今晚定是如自己一般，独自望着天边月惆怅。这一画面是杜甫的想象，间接表达了他自己正在望月思妻。这首诗中，杜甫的妻子虽着素衣棉麻，却有着出尘之姿。那一刻，他化身为自己的妻子，独自在月夜下想念着远方的丈夫。因为久立月下，她的发鬟被雾水浸湿，手臂变得冰寒。诗人只用短短的十个字，就将嗅觉、视觉、触觉全都调动起来，极言思念之苦。

至德二年（757年），"安史之乱"已延续一年多，杜甫仍孤身陷于长安。寒食节这天，他写了一首《一百五日夜对月》：

无家对寒食，有泪如金波。

斫却月中桂，清光应更多。

仳离放红蕊，想像嚬青蛾。

牛女漫愁思，秋期犹渡河。

杜甫在标题中直书一百五日，足见离家之久与思妻情深。他仍然被困在沦陷的长安，而妻儿却都在鄜州，不知生死，因此在诗中表现出亲人离散的悲哀。想到自己与万千黎民的境遇，他此时的眼泪像金波一样涌动不止，这也是杜甫对"安史之乱"造成人民流离失所的无声控诉。全诗通过神话故事和浪漫想象，表达自己在寒食之夜思念亲人的悲伤之情，但抒发的不是一般情况下的夫妇离别之情，而是将时代的特征、离乱之痛和内心之忧熔于一炉。

乾元二年（759 年），关中大旱，饥荒蔓延，正在同谷（今甘肃省成县）落脚的杜甫一家，陷入从未有过的饥寒交迫中。天寒地冻，为了妻儿，杜甫不得不上山拣拾橡树果子或者去挖野芋头为食。杜甫的生活困苦至极，令人唏嘘。

在战乱时期，和杜甫一样饱受饥寒的人很多。处于艰难困苦之中的杜甫仍关心普通劳动人民的生活疾苦，并有着菩萨一样的心肠。在他笔下，劳苦大众的喜怒哀乐是那样真实、朴素而动人。比如，他曾写过一首《新婚别》，描述一对新婚夫妇。丈夫新婚第二天就要参军上前线，新娘强忍悲痛鼓励丈夫"努力事戎行"：

兔丝附蓬麻，引蔓故不长。嫁女与征夫，不如弃路旁。结发为君妻，席不暖君床。暮婚晨告别，无乃太忽忙。君行虽不远，守边赴河阳。妾身未分明，何以拜姑嫜？父母养我时，日夜令我藏。生女有所归，鸡狗亦得将。君今往死地，沉痛迫中肠。誓欲随君去，形势反苍黄。勿为新婚念，努力事戎行。妇人在军中，兵气恐不扬。自嗟贫家女，久致罗襦裳。罗襦不复施，对君洗红妆。仰视百鸟飞，大小必双翔。人事多错迕，与君永相望。

杜甫以自己的婚姻生活体验为基础，在诗中描写了一对新婚夫妻离别的场景，塑造了一个有血有肉、深明大义的少妇形象。她通过剧烈而痛苦的内心斗争，毅然勉励丈夫前往河阳戍守边疆，用生死不渝的爱情来坚定丈夫的斗志。杜甫在诗中对少妇给予了足够的同情与赞赏。

杜甫一生遭遇的逆境多，顺境少，特别是四十岁以后，他面临穷困、疾病、战争，几乎没有过几天好日子。但他不断地探求造成人民贫困的原因，其诗作始终以普通老百姓为主角，具有鲜明的时代特征和浓郁的百姓情怀。而夫人杨氏不仅在饥寒交迫中担负着抚育儿女的重担，即使丈夫漂泊在外，她也没有埋怨。杜甫曾在诗中写道："老妻书数纸，应悉未归情。"再后来流亡入川，杜甫还描写了他和家人住的房子——"床头屋漏无干处，雨脚如麻未断绝"。面对如此穷困的条件，杜甫心中时常充满对妻子的歉疚："这辈子，从没让你安稳过，真的亏欠你了。"

当然，他们也有过苦中作乐的幸福生活。上元二年（761年），杜甫作了《进艇》一诗：

> 南京久客耕南亩，北望伤神坐北窗。
> 昼引老妻乘小艇，晴看稚子浴清江。
> 俱飞蛱蝶元相逐，并蒂芙蓉本自双。
> 茗饮蔗浆携所有，瓷罂无谢玉为缸。

南京，即指成都。寓居成都的杜甫此时已至知天命之年，无情的岁月之手把他从一个胸怀大志的少年折磨成历经沧桑的中年人，好在得到好友高适和表弟王十五的倾囊相助，他能够在成都西郊的浣花溪边盖起草堂，与妻儿过上一段风平浪静的日子。杜甫在《江村》一诗中写，"老妻画纸为棋局，稚子敲针作钓钩"。这一幕安宁祥和的生活画面让杜甫心中五味杂陈。他望着杨氏两鬓业已斑白，细细的皱纹悄悄爬上了曾经细嫩的面庞，回想起和她一起看过的风景和一起走过的人生旅程，杜甫内心深处的情感犹如潮水奔涌而出。多年漂泊流离的苦痛和如今相携到老的幸福，两种情感交杂在一起，最终化作"俱飞蛱蝶元相逐，并蒂芙蓉本自双"的名句。

在开放的唐代，士子们追求的爱情，往往只是一时的甜蜜。可杜甫却能与杨氏厮守一生，他们的感情虽然没有汉朝的司马相如和卓文君那样惊世骇俗、轰轰烈烈，却也像潺潺溪水一般，细水长流，永不停息。杨夫人"世乱怜渠小，家贫仰母慈"（《遣兴》），晚年又时刻关心疾病缠身的丈夫。"老妻忧坐痹，幼女问头风"（《遣闷奉呈严公二十韵》）。杜甫笔下的妻子是那么可亲、可爱、可敬，是那么具有奉献精神。杜甫能够成为众人景仰的"诗圣"，可以说与杨氏的默默奉献分不开。

杜甫对妻子的感情深挚而厚重。三十年来，杜甫与妻子杨氏相濡以沫、不离不弃，演绎了爱情的真谛，为世人称道。

第三章

文星荟萃　酒酣歌罢问前程

　　杜甫、李白、高适的相会与交游唱和犹如熠熠星光在诗歌世界中闪耀。与李白的近距离接触，满足了杜甫"追星"的愿望。他忠实地跟随李白，即使分别后仍然频繁地作诗怀念。尤其当他孤独地在长安谋求仕进而屡次碰壁时，心头的凄凉更是无处诉说。

方期拾瑶草

742 年，唐玄宗改年号开元为天宝。是年初夏，杜甫的二姑在洛阳仁凤里病逝。杜甫深感悲痛，回首寄居二姑家的那段往事，历历在目，挥毫为二姑写了一篇墓志《唐故万年县君京兆杜氏墓碑》。文中写道："县君既早习于家风，以阴教为己任，执妇道而纯一，与礼法而始终，可得闻也。昔舅殁姑老，承顺颜色，侍历年之寝疾，力不暇于须臾。苟便于人，皆在于手，泪积而形骸夺气，忧深而巾栉生尘。尊卑之道然，固出自天性，孝养哀送，名流称仰，允所为能循法度，则可以承先祖、供给祭祀矣。"他为这位给予他母爱的二姑树碑立传，用很大的篇幅颂扬了姑母的妇德之后，非常沉痛地回忆了姑母舍弃儿子而救了杜甫的故事。他在叙述这个故事时，特别激动，甚至顾不上行文的韵脚，说自己是因为"情至无文"。杜甫在二姑的墓志中，称颂她为"有唐义姑"。

三十岁的杜甫留在洛阳寻找进身仕途的机会。他结交到一位名人韦济，而韦济也非常欣赏杜甫的才华。虽然韦济比杜甫大二十五岁，但他们谈得很投机，遂成为忘年之交。在杜甫还是孩童时，韦济就是鄄城县令，而且韦济的仕途一路平坦，累有擢升。与杜甫结识时，他已官至太原尹。韦济素来为唐玄宗看重，因而提携杜甫这样有才气的晚辈并不是难事，所以杜甫对这位韦大人寄予厚望。

天宝元年（742 年），杜甫去开封陈留探望继祖母卢太君，遇到了来此旅游的高适。高适自幼学书学剑，雄心勃勃，非常自负。与李白一样，他也不屑于走科考入仕的常道，而寄希望于经人举荐得到天子的赏识，一鸣惊人。二十岁时，他曾西游长安，首探仕路，结果无功而返。前几年，高适北游燕赵之地，先后欲投朔方节度副大使信安王李祎、幽州节度使张守珪幕府，但都没有被相中擢用。高适只得南下，客居宋城（今河南省商丘市睢阳县），学着开荒种地以自给。高适贫困潦倒，但凄草荒田掩不住他过人的才气，他那雄健奔放的诗句早已让他的名字在文人圈子里传扬开来。杜甫与高适以诗交会，很是投机。他们一见如故结为好友，此后一直保持书信联系。

这个时候，李白"谪仙人"的名号已从长安传遍全国。杜甫早就把李白视为偶像。听到圈子里的人称之为"谪仙人""酒仙"，他对李白更是仰慕，还曾几次写信给李白，索讨亲笔诗稿。李白此时正蒙皇宠，各种交际应酬应接不暇，有没有见到杜甫的来信不得而知，或许是对一个名不见经传的小人物没太在意，总之他既没有给杜甫回信，也没赠送他诗文。而杜甫却心心念念地关注着远在长安的那颗耀眼的"太白金星"。

天宝三年（744 年）春，李白手里捧着唐玄宗"赐金还山"的诏令，凄迷地向长安投去最后一瞥。夕阳下的李白怀着悲愤、遗憾、不舍和"羞为无成归"的心情，离开长安，踏上了归程。

李白向东漫游，走苍龙门、白鹿原，过商州，出华州，于潼关乘船下河南，一路恓恓惶惶、无限迷茫。沿途众多文人墨客为一睹"谪仙人"的风采，争相宴请。李白就这样一路痛饮，一路狂歌，经月余到了东都洛阳。

在洛阳，一些朋友知道李翰林到来，专门设下筵席、寻来佳酿，为他接风洗尘。此时，李白与杜甫终于在洛阳相遇。此时，李白四十三岁，早已名满天下；杜甫三十二岁，仅在洛阳文学界小有名气。这次是他们第一次见面。谁也不曾预料到，他们文思诗意的碰撞会把盛唐的诗歌推向前所未有的巅峰。

此时的杜甫虽风华正茂，却被科考所累，仍是一介布衣。他从偃师来洛阳碰运气，希望遇到贵人，却困在这里两年而无果。杜甫"性豪也嗜酒"，已有十年漫游的经历，先游吴、越，再游齐、赵，行踪万里，"结交皆老苍"，显得成熟、内敛而稳重。李白对杜甫一见如故。他仿佛从杜甫身上看到了往日时光的痕迹，从"会当凌绝顶，一览众山小"的豪言里，读到了自己年轻时的宏图伟志，又从杜甫来洛阳遍谒名士的行迹里窥见了自己当初遍访诸侯的狼狈。二人志趣相投，谈古论今，推杯换盏间，丝毫觉察不到时光的流逝。

次日，他们相约同游王屋山和梁宋（今河南省开封、商丘一带）。可不巧，五月五日，杜甫的继祖母卢氏在陈留（今属河南开封）病故。噩耗传来，杜甫不得不中止了上王屋山的计划，因为杜甫的父亲刚刚过世三周年，杜甫作为杜审言的长孙，要代替作为长子的杜闲主持继祖母的丧仪。杜甫与李白约定秋后再聚，临别作了一首五言古诗，题为《赠李白》：

> 二年客东都，所历厌机巧。
> 野人对膻腥，蔬食常不饱。
> 岂无青精饭，使我颜色好。

苦乏大药资，山林迹如扫。

李侯金闺彦，脱身事幽讨。

亦有梁宋游，方期拾瑶草。

杜甫自叹失意漫游，困居洛阳，怜惜李白性情豪迈却怀才不遇，并表达了期待与李白同游的愿望。

八月，杜甫将继祖母归葬偃师首阳山下，并写下《唐故范阳太君卢氏墓志》来悼念这位受人尊敬的继祖母。

在杜甫治丧期间，李白在洛阳逗留近三个月，然后前往汴州古城游览。仲秋，杜甫匆匆赶到汴州与李白相会。他们北渡洪水滔滔的黄河，准备一起去王屋山寻仙访道，希望能够从道法中获得开悟人生的智慧。王屋山上有仙宫洞天，道士华盖君就在洞中修炼。二人来到王屋山何华盖君问道，不料华盖君已经仙逝。在王屋山阳台观，李白瞻仰了道观内墙上司马承祯亲手所画的巨幅山水壁画。画中山形巍峨，云气升腾，仙鹤起舞。想到司马承祯已仙逝近十年，无缘再见，李白有感而作《上阳台》四言诗，并亲笔书写成帖，以此来纪念这位道友和忘年交。

这次出游，给杜甫留下了深刻而难忘的记忆。多年后，杜甫作七言古诗《忆昔行》：

忆昔北寻小有洞，洪河怒涛过轻舸。

辛勤不见华盖君，艮岑青辉惨么麽。

千崖无人万壑静，三步回头五步坐。

秋山眼冷魂未归，仙赏心违泪交堕。

弟子谁依白茅室，卢老独启青铜锁。

巾拂香馀捣药尘，阶除灰死烧丹火。

悬圃沧洲莽空阔，金节羽衣飘婀娜。

落日初霞闪余映，倏忽东西无不可。

松风涧水声合时，青兕黄熊啼向我。

徒然咨嗟抚遗迹，至今梦想仍犹佐。

秘诀隐文须内教，晚岁何功使愿果。

更讨衡阳董炼师，南浮早鼓潇湘柁。

杜甫在诗中回忆了访道的详细情景，以及不遇华盖君而深感遗憾的心情。他们从王屋山怅然而回，尔后再向东游梁宋。在开封，他们浏览古都遗迹后，渡汴水至陈留。这时，高适因久慕李白之名，赶来与他们相会，三人结伴前往宋州。在梁园游玩期间，这三个落拓失意的才子在一起谈诗论道，狂歌酣饮，击剑傲啸，纵马弯弓，登高望远，怀古慨今，自在逍遥。

宋州城一直是兵家必争和商贾云集之地，俗称"腰膂之地"。三位诗人携手登高台，"醉眠秋共被，携手日同行"，在猎猎秋风中揭开了中国文学史上最为激动人心的一幕。高适吟咏一首《古大梁行》，古朴豪迈；李白咏唱《梁园吟》，气势磅礴，波澜壮阔。想必杜甫也是作了诗的，只是未见传世。但他在大历元年（766 年）所作的自传性回忆长诗《遣怀》，却把当时游览的情景写得非常详细。他写道：

昔我游宋中，惟梁孝王都。名今陈留亚，剧则贝魏俱。

邑中九万家，高栋照通衢。舟车半天下，主客多欢娱。

白刃仇不义，黄金倾有无。杀人红尘里，报答在斯须。

忆与高李辈，论交入酒垆。两公壮藻思，得我色敷腴。

气酣登吹台，怀古视平芜。芒砀云一去，雁鹜空相呼。

先帝正好武，寰海未凋枯。猛将收西域，长戟破林胡。

百万攻一城，献捷不云输。组练弃如泥，尺土负百夫。

拓境功未已，元和辞大炉。乱离朋友尽，合杳岁月徂。

吾衰将焉托，存殁再呜呼。萧条益堪愧，独在天一隅。

乘黄已去矣，凡马徒区区。不复见颜鲍，系舟卧荆巫。

临餐吐更食，常恐违抚孤。

此诗开始写都会繁华殷盛、人民任侠尚气，杜甫"气酣登吹台，怀古视平芜"，感到世事沧桑，今不如昔，心中难免感慨万千，扼腕之情油然而生。

一晃又过去了一个月。秋末，单父县（今山东省菏泽市单县）的贾至又加入三人的行列。高适所作《同群公秋登琴台》一诗中说的"群公"，即包括了贾至在内。除贾至在单父任县尉外，另外三个人都不怎么得意，在仕途上屡受挫折，但是他们的诗文中并不见如何抱怨自己仕途不顺。杜甫的《遣怀》《昔游》写得慷慨壮烈，而高适的诗《同群公秋登琴台》也是那样雄健奔放、遣词流丽。

有一天，他们在孟潴（古大泽名，在单县西南）猎狩，打到不少野味，很晚才到单父城。当夜，他们熏烤野味，狎妓痛饮，通宵达旦。李白作《秋猎孟诸夜归置酒单父东楼观妓》一诗：

倾晖速短炬，走海无停川。冀餐圆丘草，欲以还颓年。

此事不可得，微生若浮烟。骏发跨名驹，雕弓控鸣弦。

鹰豪鲁草白，狐兔多肥鲜。邀遮相驰逐，遂出城东田。

一扫四野空，喧呼鞍马前。归来献所获，炮炙宜霜天。

出舞两美人，飘摇若云仙。留欢不知疲，清晓方来旋。

此诗生动地描绘了在孟潴围猎的热闹场面和在单父东楼彻夜欢

宴的情景。从诗中可见，李白玩得比在长安宫时更加潇洒，他那颗不甘失败的心需要用大醉和狂欢来稍加安抚。李、杜、高、贾几人共同度过了一段豪放而浪荡的日子。可是当李白最终清醒、安静下来的时候，又感到可怕的空虚，他需要寻找一个精神上的支点。

秋末，高适决定离开梁、宋之地独自远游，他要为仕途去奔忙。天下没有不散的筵席，几个朋友只能就此别过。杜甫回洛阳，贾至归单父，李白将去往齐州（今山东省济南市）。杜甫与李白相伴数月，临别时仍依依不舍，他们又约好了下次相会的日期。

醉眠秋共被，携手日同行

　　杜甫与三位朋友暂时别离，各奔东西。李白去了齐州紫极宫，请道士高天师如贵授道篆，算是正式履行了道教的入门仪式，从此成为道士。高适和杜甫则四处干谒权贵，希望遇见识才贵人，被举荐入仕。高适游览魏郡、楚地等，杜甫则准备去晋地河西，可能是想拜见韦济。

　　到了冬季，李白已经把修道的前期工作全部做完，定下心来专等好友杜甫到来，他们约定的相聚时间就要到了。天宝四年（745年）春，李白在兖州迎来了访客杜甫。刚一见面，杜甫就发现李白的心情比前一年好很多，但却没有远游的意思。他们在兖州任城附近及泗水一带游览，这便有了"行歌泗水春"的重聚。

　　泗水西接孔子故里曲阜，南临孟子家乡邹城，北望"五岳之尊"泰山，是文化底蕴深厚之地。泗河的源头泉林，有"名泉七十二，大泉数十，小泉多如牛毛"，昼夜涌流不息，堪为齐鲁诸泉之冠。这一带还有凤仙山、龙门山以及圣公山。登临圣公山极顶，近可鸟瞰乡村风貌，远可北眺泗河，良田沃野，连绵无际。无论是龙门山的灵雾，还是泗水济河的烟柳，都秀丽而幽美，仙气十足。

杜甫在泗水逗留时，北海郡（今山东省潍坊市）太守李邕听说杜甫来东鲁，立刻派人送来邀请名帖，请他们到北海一游。李白在二十多年前曾遭到李邕冷遇，如今李白虽然名气很大，又在长安都城"镀过金"，但李邕仍然更看重杜甫。李白此去是沾了杜甫的光。

是年夏，李白、杜甫与李邕在北海郡聚会，赋诗论道，踏歌饮酒。李邕能诗善文，工书法，文学造诣颇高，时人称"李北海"。其文章宗经尚典，宏辞沉郁。同时期的诗人王翰评他的诗文为"天下文章第一"。他们的聚会可以称得上是一次文学论谈会。

此时，李邕的族孙李之芳亲自前来邀请他去齐州参加新亭落成仪式，恰逢李、杜在他这里做客，于是便邀二人同往。这两位诗坛名士的莅临，无疑会为这次活动添彩。

原来，李之芳出任齐州太守之初，发现治内的大明湖历下古亭年久失修，他便募资修葺，并在鹊山湖畔另建了一座新亭。新亭落成后，李之芳特意邀请齐鲁各界名士来游，从祖李邕自然在被邀贵宾之列。没有想到他竟有幸能让三位大咖一同出席，当然喜不自禁。

在这次聚会上，李白遇见了在京城认识的老朋友、齐州司马卢象。杜甫和李白一起陪同李太守和卢司马泛舟鹊山湖，把酒历下亭，他们之间的情谊也加深了一层。杜甫游得兴起，先后写了三首游湖亭诗，即《同李太守登历下古城员外新亭》《暂如临邑至昔山湖亭奉怀李员外率尔成兴》《陪李北海宴历下亭》。他在《陪李北海宴历下亭》一诗中写道：

东藩驻皂盖，北渚凌青荷。

海内此亭古，济南名士多。

云山已发兴，玉佩仍当歌。

修竹不受暑，交流空涌波。

蕴真惬所遇，落日将如何。

贵贱俱物役，从公难重过。

良辰美景中，青年才俊咸集共饮，真是赏心乐事啊。杜甫由此引发感慨："快意当前，不能无诗，可宴罢歌歇之后又该如何？"畅快中掩饰不住一丝惆怅。

李白也似乎忘却"遣还"之悲，也一口气写了古体诗《陪从祖济南太守泛鹊山湖三首》，其中最有名的是第二首：

湖阔数千里，湖光摇碧山。

湖西正有月，独送李膺还。

鹊山湖水浩渺广阔，晚景也是别样宜人。皓月当空，湖水荡漾，山影浮动，夜色朦胧的鹊山湖好似一处幻化的仙境。

杜甫在齐州游览数日后，本想去临邑（今德州市临邑县）看望在那里任主簿的弟弟杜颖，可惜临行前天气突变，当日未能成行。杜甫为此作了一首《暂如临邑，至𪩘山湖亭奉怀李员外率尔成兴》一诗：

野亭逼湖水，歇马高林间。

鼋鼍风奔浪，鱼跳日映山。

暂游阻词伯，却望怀青关。

霭霭生云雾，唯应促驾还。

尽管李之芳和卢象一再挽留，杜甫还是去了临邑，并在那里逗留数日。李白则从齐州治所历城先行离开，回到兖州龟蒙山家中，打算从此开始潜心访仙修道。

夏去秋至，杜甫从临邑折返，再与李白相会。这时李白正准备出门寻仙访道，杜甫便陪着他前往鲁郡。杜甫也崇尚道法，但他仅把修道当作一种进身途径而并非事业，他陪着李白也是为尽朋友之情义。

他们一路东访西寻。有一天听说鲁郡北郊有一位姓范的道士，他们便前去拜访。两人中途迷了路，在山中乱转一气，结果弄得满身都是苍耳。李白觉得滑稽可笑，写了一首诗自嘲，诗题叫《寻鲁城北范居士，失道落苍耳中，见范置酒摘苍耳作》。他把寻找的情节写得很细致，还戏称满身沾着的苍耳为"羊带归"。杜甫也作了《与李十二白同寻范十隐居》一诗：

> 李侯有佳句，往往似阴铿。
>
> 余亦东蒙客，怜君如弟兄。
>
> 醉眠秋共被，携手日同行。
>
> 更想幽期处，还寻北郭生。
>
> 入门高兴发，侍立小童清。
>
> 落景闻寒杵，屯云对古城。
>
> 向来吟橘颂，谁欲讨莼羹。
>
> 不愿论簪笏，悠悠沧海情。

此诗倾诉李白与杜甫共被同行、亲如弟兄之情。夜晚、白天，出城、入归，望天、问海，绘出了友情的几幅细致入微的素描。这种感情里，兄弟之情，心神相连，悠悠似沧海，生生世世都不会轻易断绝。

他们后来好不容易找到范道士的家，两人已是又饥又累。主人端出农家菜招待这两位远道而来的客人，李白竟觉得这些家常菜比山珍海味还好吃。他连饮几杯后，来了诗兴，随口吟出一首《猛虎词》。酒足饭饱之际，又和主人约定要作"十日之饮"。

到了秋天，壮志未酬的杜甫终于下定决心结束访仙问道的闲居生活，到长安去寻找政治出路。此时杜甫的心情与李白不同，听着雁鸣长空，知秋已来临，他心底的愁绪不断涌现出来。他刚过而立之年，正在热切地追逐功名。"十日之饮"和山野情趣再怎么吸引人，也只能让他快乐一时。他没办法像李白一样做个真道士，自由自在、云游四海。杜甫不得不向李白说出要西去长安、寻找一切机会实现自己梦想的打算。

这条路李白也曾经走过，虽然没能走通，但他理解杜甫的心情。想当年，好友孟浩然虽然已对长安失望，却也没有劝阻自己的长安之行。现在轮到自己做一回"孟浩然"了，他也不想劝阻杜甫。唐代的诗人一辈辈都是这么走过来的，他们都不会把诗歌作为人生追求的终极理想，要么想做官，要么想成仙，唯独没有一个人心甘情愿地在世间把吟诗作赋当作事业。他们谁都料想不到成就他们的不是官场，也不是仙道，而是他们流传万世的诗歌。

面对即将远行的杜甫，李白的心情十分复杂。他虽有万分不舍，但又不能多作挽留，他不能耽误朋友的前程。暮秋，石门的山野上漫天飘舞着金黄的落叶；大雁苍鸣，结队掠过树梢向南飞去；秋风阵阵，已让人觉出几分寒意。李、杜二人在瑕丘城东的石门依依惜别。李白摆酒为杜甫饯行，并深情地写下一首五律《鲁郡东石门送杜二甫》：

醉别复几日，登临遍池台。

何时石门路，重有金樽开。

秋波落泗水，海色明徂徕。

飞蓬各自远，且尽手中杯。

这首诗以"醉别"开始，回顾二人的同游时光，把自然美与人情美融为一体，互相衬托，给人以深刻的美感。李白对杜甫的深厚友情，不言而喻又倾吐无遗。好友即将离别，仿佛转蓬随风飞舞，各自飘零远去，又怎不令人难过。

杜甫听后，非常激动，端起酒杯，一饮而尽。他再作一首七绝《赠李白》，作为答谢。他写道：

秋来相顾尚飘蓬，未就丹砂愧葛洪。

痛饮狂歌空度日，飞扬跋扈为谁雄。

杜甫是写律诗的高手，此律看似是规劝李白要像道家葛洪那样潜心于炼丹求仙，不要痛饮狂歌、虚度时日；实则为李白惋惜，虽有雄心万丈却得不到赏识。此诗突显了一个"狂"字，赞扬了李白的傲骨嶙峋、狂荡不羁。全诗言简意赅，韵味无穷。

既然别离已不可避免，那么唯一可以寄望的便是有朝一日"重有金樽开"了！可是，石门揖别，竟成永诀，这是李白和杜甫都不曾想到的。在往后的日子里，他们再也无缘见面，只能以诗书传递他们之间的友情和思念。

冬天来临了，李白仍徘徊在山水间，独游金乡（今山东省金乡县）、单父。在沙丘城时，李白深感孤独，非常想念远去的杜甫，于是写下《沙丘城下寄杜甫》：

我来竟何事？高卧沙丘城。

城边有古树，日夕连秋声。

鲁酒不可醉，齐歌空复情。

思君若汶水，浩荡寄南征。

李白说他在沙丘城除了"思君"便无事可做。无论是喝酒、吟唱，还是静听风吹古树的沙沙声，都会令他更加想念朋友。朴实絮叨的平常之语，却是那样凄怆感人。

同一时刻，洛阳的冬夜，杜甫也因想念李白而写下《冬日有怀李白》一诗：

寂寞书斋里，终朝独尔思。

更寻嘉树传，不忘角弓诗。

短褐风霜入，还丹日月迟。

未因乘兴去，空有鹿门期。

杜甫深切表白："漫长黑夜中，李白是他唯一的光亮。"其实，他们都是文坛耀眼的巨星，一个具有天马行空的浪漫情怀，另一个是悲天悯人的现实主义大师。他们深厚的友谊让人感动，两人的唱和之作也成了千古名篇。

饥鹰待一呼

　　天宝五年（746年）春，杜甫在长安街头四处奔走，开启了他干谒权贵、探身仕途的征程。他做好了两手准备，一是参加科举考试，二是结交达官贵人，双管齐下，希冀尽快受到朝廷的重用。他最先拜访了在洛阳结识的老友、时任太常寺协律郎郑虔。杜甫与郑虔素有往来，他的《醉时歌》有云："忘形到尔汝，痛饮真吾师。"可见两人襟怀相契的真挚感情。此次杜甫拜见郑虔的意图很明显，希望能得到他的举荐。

　　郑虔是一个非常有才学的人，熟知天文地理、国防要塞，还精通药理，尤善书法、绘画、作诗。有一次郑虔在自己的一幅画上题诗后将它献给唐玄宗，唐玄宗见后甚悦，亲笔题写"郑虔三绝"四字。太常寺协律郎虽只是一个七品小官，但却可以随意出入庆庙，有很多机会接近皇帝。然而，杜甫时运不佳，这位原本有机会举荐杜甫的老友遭人陷害，刚刚被皇上贬官，去任左青道率府长史，主掌东宫内外昼夜巡逻，接近皇帝的机会变得微乎其微。见老友被贬官，杜甫除了劝慰，别无他法。他只能作罢，进身仕途的第一步就这样踏空了。

不过，杜甫并没有感到太失望，随后去拜访了唐玄宗之侄汝阳王李琎，委婉表达了请求举荐之意。李琎是都城"饮中八仙"之一，他热情接待了杜甫，并在酒席上与杜甫谈论起喝酒的趣闻来。杜甫早听说过"饮中八仙"的一些趣事，他对"八仙"推崇备至，当场写下一首《饮中八仙歌》：

知章骑马似乘船，眼花落井水底眠。汝阳三斗始朝天，道逢麹车口流涎，恨不移封向酒泉。左相日兴费万钱，饮如长鲸吸百川，衔杯乐圣称避贤。宗之潇洒美少年，举觞白眼望青天，皎如玉树临风前。苏晋长斋绣佛前，醉中往往爱逃禅。李白一斗诗百篇，长安市上酒家眠。天子呼来不上船，自称臣是酒中仙。张旭三杯草圣传，脱帽露顶王公前，挥毫落纸如云烟。焦遂五斗方卓然，高谈雄辩惊四筵。

杜甫对贺知章、李琎、李适之、崔宗之、苏晋、李白、张旭、焦遂这八位酒仙一一评议，饶有趣味。他们是同时代的人，又都在长安做过官，志趣相投。杜甫以洗练的语言、人物速写的笔法，将他们写进一首诗里，构成一幅栩栩如生的群像图。

谈论起"八仙"，杜甫最想念的当然是李白。旅居在长安的杜甫对李白思念日盛，写下《春日忆李白》一诗：

白也诗无敌，飘然思不群。
清新庾开府，俊逸鲍参军。
渭北春天树，江东日暮云。
何时一尊酒，重与细论文？

这是在描绘"饮中八仙"群像之后，杜甫单独赞誉李白，表达对他的思念之情。全诗感情真挚，文笔直率。此诗在抒发感情的同时，又高度评价了李白诗歌的突出风格和在文坛的重要地位。与其说这是一首怀友之诗，不如说是一篇诗歌鉴赏之作。

酒席上，李琎对杜甫很热情，但对杜甫所求之事避而不谈。因为心里有些过意不去，于是他给杜甫推荐了一个人。那就是郑虔之侄、当朝驸马都尉郑万钧之子郑潜曜。这位郑驸马的母亲是唐玄宗的姐姐代国长公主，而他本人又是唐玄宗之女临晋公主的驸马，深受唐玄宗恩宠。如果郑潜曜愿意在皇上面前替杜甫美言几句，让皇上了解杜甫的才能，那么，杜甫的前程将会一片光明。

但是，郑潜曜无意与李林甫、杨国忠等人争夺话语权，而且他的母亲让他远离朝堂纷争，所以对于那些与他无关的事情从不过问，更不参与。但鉴于杜甫与叔父郑虔的关系非同寻常，即使不帮忙，也没有慢待他。因此这位驸马爷主动邀请杜甫一同宴游，没有因为杜甫是一介布衣而轻视他，使他获得了非一般文士所能获得的特殊待遇。杜甫深受感动，写下一首《郑驸马宅宴洞中》：

> 主家阴洞细烟雾，留客夏簟青琅玕。
> 春酒杯浓琥珀薄，冰浆碗碧玛瑙寒。
> 误疑茅屋过江麓，已入风磴霾云端。
> 自是秦楼压郑谷，时闻杂佩声珊珊。

诗中所言之"洞"，指郑驸马建在樊川谷中神禾原郑谷庄的别宅莲花洞。神禾原莲花洞，清凉迥出尘境，又见高楼下临郑谷，空中杂佩声闻，虚实相生，方见变化，恍如置身仙界。

杜甫初到都城，有吃有喝，对官场的迎送往来不甚了解，但他对自己的才学有绝对把握，因而也对仕途前程满怀信心。杜甫无法理解看上去锦绣繁荣的大唐盛世正在走向衰落，开明奔放的唐玄宗朝廷正逐渐被奸臣把持。

天宝六年（747 年），唐玄宗诏告天下"通一艺者"到长安应试，考试的内容为诗、赋、论。奸相李林甫嫉贤妒能，对"有才名于时者尤忌之"。他担心乡野之士在策论中斥责其奸恶，于是向唐玄宗建言说："乡野之士多卑贱愚陋，恐有言语污辱圣上德行。"此时的唐玄宗正宠信杨贵妃，又迷上修道，疏于朝政，朝中大权由李林甫、杨国忠等人把持。唐玄宗与李林甫一样有所顾虑，于是朝廷再颁诏规定："仍委所在郡县长官，精加试练，卓然超绝流辈，远近所推者，具名送省。仍委尚书及左右丞诸司，委御史中丞更加对试。务取名实相副者，一时奏闻。"

三十五岁的杜甫早已是洛阳名士，终于等来了这次科考机会。可不曾想，李林甫却又编导了一场"野无遗贤"的荒诞剧，让进京参加考试的两千多名士子全部落榜。李林甫向唐玄宗表示祝贺，谄言："皇上圣明，人才早就悉数被朝廷录用，现在天下已经没有不得重用的人才了。"

会试失利，杜甫对科考入仕便不再抱多大希望，转而一门心思干谒权贵。杜甫有一个表兄在刑部任比部郎中。考试结果刚宣布，杜甫就写了这首《赠比部萧郎中十兄》：

有美生人杰，由来积德门。

汉朝丞相系，梁日帝王孙。

蕴藉为郎久，魁梧秉哲尊。

词华倾后辈，风雅蔼孤骞。

宅相荣姻戚，儿童惠讨论。

见知真自幼，谋拙丑诸昆。

漂荡云天阔，沉埋日月奔。

致君时已晚，怀古意空存。

中散山阳锻，愚公野谷村。

宁纡长者辙，归老任乾坤。

诗的开头杜甫就以赞赏的语调叙述这位表兄的出身、家世、官职、人品、文章和声望，又叙他与郎中的亲戚关系与交情，再承接"谋拙"之意，叙说自己的生存状态，感叹自己漂泊之苦、干谒不遇之悲。一个胸怀大志之人，眼看岁月蹉跎、浪费光阴，却不敢劳烦郎中表兄大驾，助自己一臂之力。显然，杜甫奉承郎中表兄的意图在于希望被引荐，诗中只不过用了以退为进的表达方式而已。

尔后，杜甫又去求见汝阳王，更明确地表达了求推举之意。可是，作为皇亲，李琎对举荐人才一向慎之又慎，以免遭奸人构陷为结党营私。他把杜甫留在府中，却不作任何许诺。杜甫则认为是自己的"功夫"没做到家，于是又写了一首《赠特进汝阳王二十韵》：

特进群公表，天人凤德升。霜蹄千里骏，风翮九霄鹏。

服礼求毫发，惟忠忘寝兴。圣情常有眷，朝退若无凭。

仙醴来浮蚁，奇毛或赐鹰。清关尘不杂，中使日相乘。

晚节嬉游简，平居孝义称。自多亲棣萼，谁敢问山陵。

学业醇儒富，辞华哲匠能。笔飞鸾耸立，章罢凤骞腾。

精理通谈笑，忘形向友朋。寸长堪缱绻，一诺岂骄矜。

已忝归曹植，何如对李膺。招要恩屡至，崇重力难胜。

披雾初欢夕，高秋爽气澄。尊罍临极浦，凫雁宿张灯。

花月穷游宴，炎天避郁蒸。砚寒金井水，檐动玉壶冰。

瓢饮唯三径，岩栖在百层。谬持蠡测海，况把酒如渑。

鸿宝宁全秘，丹梯庶可凌。淮王门有客，终不愧孙登。

诗中，杜甫极力赞美汝阳王，述礼遇之厚、明感之由，透露出投赠本意。汝阳王心知肚明，但当时朝中的风气以及他个人的思虑导致他不能帮杜甫说话。他留杜甫暂居府中，算是一种"补偿"。可杜甫不是那种可闲散度日的人，他有自己的政治理想和抱负，且因年岁的增长，实现理想的愿望越来越迫切。

这时候，又有一个不幸的消息传来，非常赏识杜甫的北海太守李邕遭人暗算陷害。唐玄宗不辨黑白将他交给丞相李林甫处置。李林甫对傲骨铮铮的文人一向不满，将李邕定罪下狱。李邕拒不认罪，辩于堂上，结果被酷吏活活杖杀。杜甫闻讯，心惊且痛。李邕之死折射出唐玄宗朝廷的血腥侧面，杜甫的心情变得更加沉重。这时的杜甫开始留心观察和关注起朝野的政治斗争，并调整自己的干谒方式。

杜甫在汝阳王府上度日如年。到天宝七年（748年），他来长安就已有三个年头，却仍看不到入仕的一丁点希望。他觉得自己不该在王府闲待下去。思来想去，他又想到一个能施以援手的人，那就是时任尚书左丞的韦济。他们算是老熟人了，彼此都有了解。但为慎重起见，杜甫还是准备了一份像样的行卷——《奉赠韦左丞丈二十二韵》。

这首长诗相当于杜甫的详细简历，不仅具陈自己的成长经历、才能，表明自己的政治理想，也倾诉出怀才不遇、生活潦倒的艰辛，更表达了祈请贵人援引提携的强烈愿望。

杜甫原本雄心勃勃、理想远大，但造化弄人，理想与现实差距太大。为了进身仕途，他不停地四处奔波，有好几次差点冻死饿死，年过而立却仍无立身之处。因此在诗中杜甫倾吐了仕途失意、生活潦倒的苦况，还叙述了他内心的冲突："今欲东入海，即将西去秦。尚怜终南山，回首清渭滨。常拟报一饭，况怀辞大臣。白鸥没浩荡，万里谁能驯？"他想像鸥鸟一样东去大海，恢复他往日自由浪漫的生活，可是又舍不得离开终南山下的京都长安。他不甘心就此离去，希望得到机会报答贵人的知遇之恩。这首诗抒写得如泣如诉，情真意切。一腔抱负欲救苍生，一片赤心欲报知己。韦济看了此诗想必很感动，但韦济虽然很赏识杜甫的诗才，却终没能给予他实际性的帮助。

杜甫觉得尚未尽其意，接着又写了《赠韦左丞丈济》：

左辖频虚位，今年得旧儒。相门韦氏在，经术汉臣须。
时议归前烈，天伦恨莫俱。鸰原荒宿草，凤沼接亨衢。
有客虽安命，衰容岂壮夫。家人忧几杖，甲子混泥途。
不谓矜余力，还来谒大巫。岁寒仍顾遇，日暮且踟蹰。
老骥思千里，饥鹰待一呼。君能微感激，亦足慰榛芜。

这首诗开头盛赞韦济门第之高贵，再谦言自己地位之卑微。杜甫的许多诗作都显露出其祖父"好大言"的遗风，而此诗却写得那样谦卑，用"老骥""饥鹰"来比况自己处境之艰难，且表露如果韦丞被自己这份表白触动，则自己不致沦落为荆榛芜草。这也显示出杜甫急于跻身仕途的迫切心情，毕竟三十六岁已经不太年轻了。

然而，残酷的现实又一次摧残他的心灵。韦济对杜甫的才华非常赏识，也有心帮他，但因唐玄宗沉湎于享乐，李林甫、杨国忠等人擅权专政，阻塞言路，压制人才，韦济官职只是正四品，即便有他的举荐又有何用呢？要想跻身仕途实现自己的宏愿，先得接近朝廷权力的核心层。

这时候传来一个好消息：他的朋友高适经睢阳太守张九皋荐举，应试有道科中第，被授封丘尉。这让杜甫大受鼓舞。

天宝九年（750 年），杜甫在朋友的引荐下开始结交张垍，他希望能够得到张垍的援引，投赠了一首《赠翰林张四学士垍》：

> 翰林逼华盖，鲸力破沧溟。天上张公子，宫中汉客星。
> 赋诗拾翠殿，佐酒望云亭。紫诰仍兼绾，黄麻似六经。
> 内分金带赤，恩与荔枝青。无复随高凤，空余泣聚萤。
> 此生任春草，垂老独漂萍。倘忆山阳会，悲歌在一听。

张垍是宰相张说的次子，娶唐玄宗之女宁亲公主，拜驸马都尉。开元年间，张垍以太常少卿入翰林院为学士。那时李白也供奉翰林，张垍妒才，曾在背后指使他人进谗言贬逐李白。张垍是河南洛阳人，杜甫与他攀上老乡，作诗吹捧一番，意图很明确。此诗开头称颂张垍的地位和才华，再叙其文章精妙，以及因此享受皇宠，而后写自己身份低微似春草浮萍以及遭遇坎坷，隐含之意是望张学士举荐他。

杜甫知道张垍是一个比较妒才的人，所以在他面前，不能太显露才能。杜甫的谦卑让张垍的优越感倍增，他满口答应会找机会帮杜甫说话。这是杜甫自干谒以来第一次听到最明确的回复。

但是，等了不少时日，仍不见张垍有所行动。杜甫一打听才知道，张垍因与杨国忠不和，遭诬陷被贬去卢溪任司马。这个消息给杜甫的心理打击不小：这么一个炙手可热、手眼通天的人物也帮不了他，那还有谁能帮得了？杜甫感到无比沮丧、困惑。期间，他回了一趟家，看望妻儿。这时，他觉得自己已经到了山穷水尽的地步，甚至想到了投笔从戎。眼下边疆战事频仍，征边守境需要士兵，像杜甫这样的神射手，从军或许是一条不错的出路。他还曾为此写过一首咏物诗《高都护骢马行》。大约在天宝六年（747 年），都护高仙芝一举平定勃律国，虏获勃律王，由此建功。天宝八年（749年），高仙芝入朝。杜甫听说高仙芝打了胜仗，遂作此诗。诗中描绘了马的雄姿，也借物咏人，抒写自己的抱负。

杜甫在走投无路的情形下，想到直接给唐玄宗进言。于是有人指引杜甫，要他投唐玄宗所好。由于年迈的唐玄宗越来越迷信道教，相信自己将要在一个歌舞升平的世界里永生不死。同时他又把自己关在宫禁中，终日沉溺声色，过着骄奢无度的生活。要给皇上进言，首先得知道他的喜好，并找准时机。因此，天宝九年（750 年）冬天，杜甫特意去拜谒洛阳城北玄元皇帝庙，还顺便参观了吴道子所绘壁画《五圣图》，并作了一首五言排律《冬日洛城北谒玄元皇帝庙》。同时开始构思作一篇赋。

杜甫回到老家后，还写了《投简成华两县诸子》一诗：

> 赤县官曹拥材杰，软裘快马当冰雪。
> 长安苦寒谁独悲？杜陵野老骨欲折。
> 南山豆苗早荒秽，青门瓜地新冻裂。
> 乡里儿童项领成，朝廷故旧礼数绝。
> 自然弃掷与时异，况乃疏顽临事拙。
> 饥卧动即向一旬，敝衣何啻联百结。
> 君不见空墙日色晚，此老无身泪垂血。

这是杜甫寄给咸阳、华原两县县府里友人的诉苦之作,感慨自己的不幸遭遇,叙说自己所作所为是如何不合时宜。

尽管如此,杜甫对求官一事仍不死心,他不信偌大的京城里竟没有一个人能帮自己。他几乎把京城所有与自己沾亲带故又有权势的人都梳理了一遍,实在想不到还有谁有这样的能力,只能扩大范围,把目光投向那些有可能攀上关系的人。天宝十年(751 年)初,杜甫重返长安,准备作最后一搏。

这一年春天,杜甫终于抓住了一个机会。在黑暗中跌跌撞撞前行的他似乎看到一线光亮。唐玄宗在这年正月举行祀太清宫、祀太庙、祀南郊三大典礼。郊庙礼结束后,杜甫斗胆向唐玄宗进献《朝献太清官赋》《朝享太庙赋》《有事于南郊赋》三大礼赋并附《进三大礼赋表》,他把这三大赋投到延恩匦(收集私密表章的匣子)中。赋表中写道:

臣甫言:臣生长陛下淳朴之俗,行四十载矣。与麋鹿同群而处,浪迹于陛下丰草长林,实自弱冠之年矣。岂九州牧伯不岁贡豪俊于外?岂陛下明诏不仄席思贤于中哉?臣之愚顽,静无所取,以此知分。沉埋盛时,不敢依违,不敢激讦,默以渔樵之乐,自遣而已。顷者卖药都市,寄食朋友,窃慕尧翁击壤之讴,适遇国家郊庙之礼,不觉手足蹈舞,形于篇章。漱吮甘液,游泳和气,声韵寖广,卷轴斯存,抑亦古诗之流,希乎述者之意。然词理野质,终不足以拂天听之崇高,配史籍以永久,恐俟先狗马,遗恨九原。谨稽首投延恩匦,献纳上表,进明主《朝献太清宫》《朝享太庙》《有事于南郊》等三赋以闻。臣甫诚惶诚恐顿首顿首。谨言。

唐玄宗读了这三篇赋觉得写得很奇特,亲自召见杜甫,让他待制集贤院，并命宰相亲自面试文章。这是杜甫自"京漂"以来唯一的亮色。很多同道中人向他表示祝贺，还有一些朋友邀请他宴游，杜甫一时高兴，应杨长史之邀，游了一趟乐游园，并作了一首《乐游园歌》。虽是写"狂欢赏"的情景，但诗末道："此身饮罢无归处，独立苍茫自咏诗。"这是杜甫对自身经历的感慨，酒酣歌罢后无处可归，满腔抱负无所依托，前途渺茫，只能赋诗独自悲伤罢了。

一晃又到了秋天，杜甫待制集贤院仍没有结果，饥寒交迫的他病倒了。秋天阴雨绵绵，门外积水中生出了小鱼，床前的地上也长满青苔。他的朋友魏君冒雨前来探望。杜甫很感动，写了一篇散文《秋述》赠给这位朋友。这篇《秋述》透出杜甫看破世态人情而滋长的悲凉。刚受到唐玄宗赏识时，不少人认为他前途无量，争着与他拉关系交朋友，但半年多过去，杜甫做官的希望越来越渺茫，那些曾与他称兄道弟的人不再跟他来往。在这个秋雨连绵的季节，病中的杜甫只盼来了魏君一人，这叫他如何不感慨万端？

杜甫靠人接济过冬，快到年底，生活每况愈下，几乎陷入食不果腹、衣不蔽体的境地，以至于有人招待他一顿饭，他都会万分感动。寒冬的一天，他去拜访一个叫王倚的朋友，这位朋友招待了他一顿好饭，有泡菜、酥饼、豪猪肉，还有酒。曾经流连于裘马清狂的杜甫，顿时感激涕零，作《病后遇王倚饮赠歌》一诗，发出"但使残年饱吃饭，只愿无事常相见"的感慨。

由于经济上的压力太大，杜甫不得不加快干谒的节奏。是年冬末，他写了一首《敬赠郑谏议十韵》：

谏官非不达，诗义早知名。破的由来事，先锋孰敢争！
思飘云物动，律中鬼神惊。毫发无遗恨，波澜独老成。

野人宁得所，天意薄浮生。多病休儒服，冥搜信客旌。

筑居仙缥缈，旅食岁峥嵘。使者求颜阖，诸公厌祢衡。

将期一诺重，欻使寸心倾。君见途穷哭，宣忧阮步兵。

这是一首五言排律，声韵整齐，辞藻、典故富丽精工。杜甫与谏议官郑审没甚交情，只能靠谀辞打动他。还没等郑审做出反应，杜甫又写诗赠给刚调来的京兆尹鲜于仲通，诗题为《奉赠鲜于京兆二十韵》，诗中写道：

王国称多士，贤良复几人？异才应间出，爽气必殊伦。

始见张京兆，宜居汉近臣。骅骝开道路，雕鹗离风尘。

侯伯知何算，文章实致身。奋飞超等级，容易失沉沦。

脱略磻溪钓，操持郢匠斤。云霄今已逼，台衮更谁亲？

凤穴雏皆好，龙门客又新。义声纷感激，败绩自逡巡。

途远欲何向，天高难重陈。学诗犹孺子，乡赋忝嘉宾。

不得同晁错，吁嗟后郤诜。计疏疑翰墨，时过忆松筠。

献纳纡皇眷，中间谒紫宸。且随诸彦集，方觊薄才伸。

破胆遭前政，阴谋独秉钧。微生沾忌刻，万事益酸辛。

交合丹青地，恩倾雨露辰。有儒愁饿死，早晚报平津。

既为"奉赠"，就说明杜甫是当面恭敬地呈送给这位京兆尹的，也说明他们的关系比较生疏，甚至杜甫可能根本不认识鲜于仲通。这个人是杨国忠一手提拔起来的，杜甫讨好他，显然有向杨国忠靠近的意图。"破胆遭前政，阴谋独秉钧"，他借批评李林甫间接讨好杨国忠，期望鲜于仲通能把自己的遭遇转告杨国忠。不得不说，杜甫这一举措是病急乱投医。他的这首干谒诗饱含了卑微的恳求和内心仍旧高尚的期许——往大处说，是通过权贵的引荐早日实现自己的鸿鹄之志；往小里讲，需要一份薪俸维持一家人的生活。

不知道为什么，所有花费了他心血的投赠最终都毫无结果。这一年的春节，杜甫在同族兄弟杜位家度过，并作了《杜位宅守岁》一诗。年届不惑，杜甫觉得自己的日子像垂垂夕阳，只能在困苦中挣扎等待。

第四章

世事凌乱　辗转无门难遣忧

为谋得一官半职，杜甫向许多权臣显贵投去干谒诗歌，除了剖白个人的志向心迹外，还不吝溢美之词称赞对方。即便如此，他的仕进之路依然坎坷。身处困厄逆境中，杜甫更真切地看到现实的弊病在国家、黎民身上的烙印……

途穷叫阍友相从

天宝十一年（752年）春，集贤院派崔国辅、于休烈二人奉旨测试杜甫文章。唐玄宗下旨已过一年，杜甫本已不抱太大希望，但闻讯后他沉寂的心又燃烧起来。在穷途中，这条路又向他延伸开来，他觉得眼前豁然开朗。杜甫很激动，写了一首《奉留赠集贤院崔、于二学士》：

昭代将垂白，途穷乃叫阍。气冲星象表，词感帝王尊。
天老书题目，春官验讨论。倚风遗鶂路，随水到龙门。
竟与蛟螭杂，空闻燕雀喧。青冥犹契阔，陵厉不飞翻。
儒术诚难起，家声庶已存。故山多药物，胜概忆桃源。
欲整还乡旆，长怀禁掖垣。谬称三赋在，难述二公恩。

崔国辅、于休烈是奉命而行，杜甫不必像写干谒诗那样用一些虚美、谀奉之词，在诗的开头直接讲投赋延恩匦之事，接着感叹自己的身世和参加科举的遭遇，以及还乡与求官两难的矛盾心情。此诗写得比较实在，是杜甫心境的真实反映。考试后，杜甫之名被"送隶有司，参列选序"。也就是说，朝廷已将杜甫的有关情况、归档记录在案，一旦有机会再给杜甫安排合适的官职。

暮春，杜甫回了一趟家。"京漂"多年，一直没有照顾好家庭，杜甫实在不忍心留下妻儿在乡下吃苦受累。或许是因他去年秋冬时节在病中饱尝孤苦，或许是因测试文章让他信心倍增，所以这次他重返长安时把妻儿都带在身边，安家于长安南城下的杜城。而人们认为这个杜城就是杜甫诗中所说的秦川杜曲，即他的故里杜陵。

杜甫有了盼头，也就不再那么着急干谒权贵了，只需要耐着性子等待。杜甫在杜曲附近虽然有几亩微薄的桑麻田，可以种庄稼或租给他人以维持生计。但他对"待制"多久心里实在没底，难免有些焦虑不安。在等待的日子里，他拜访朋友，去附近游山玩水，以调适自己的情绪。

初夏，杜甫作了《送韦书记赴安西》一诗。他写道：

夫子欻通贵，云泥相望悬。
白头无藉在，朱绂有哀怜。
书记赴三捷，公车留二年。
欲浮江海去，此别意苍然。

杜甫把自己与韦书记作对比，一是青云，一是泥尘；一是去边疆建功立业，一是浪迹江湖、虚度浮生。为朋友送别时，杜甫愁绪顿生，却只能化作一声叹息。

梅熟季节，杜甫陪郑广文游何将军山林，作《陪郑广文游何将军山林十首》。何将军山林在韦曲西塔陂，杜甫因与老朋友广文馆博士郑虔同游，写了这组诗，达十首之多，可见他们的交情甚笃。

其一

不识南塘路，今知第五桥。

名园依绿水，野竹上青霄。

谷口旧相得，濠梁同见招。

平生为幽兴，未惜马蹄遥。

其十

幽意忽不惬，归期无奈何。

出门流水住，回首白云多。

自笑灯前舞，谁怜醉后歌。

只应与朋好，风雨亦来过。

杜甫在这组诗里，极力掩饰自己的情绪，故作轻松，陪着郑虔饮酒赏景，一切都那样惬意。醉酒之时，两人将礼数全抛脑后，诗兴起时，频频举杯，大声吟咏诗歌，浑然不知人间还有生死忧愁！然而，当杜甫从眼前之景写到何将军，再联想到自己时，悲愁之情又不知不觉流露出来。组诗讲究首尾照应，杜甫开头说"平生为幽兴，未惜马蹄遥"，而结尾却叹"自笑灯前舞，谁怜醉后歌"。世上历来是同乐者众，畅游时不在意路途之遥；同悲者寡，谁能真正体会一个落魄者内心的酸楚呢？

游山林后不久，杜甫闻听老友元丹丘道士正云游终南山，但他没能去与元丹丘相会，便作诗《玄都坛歌寄元逸人》相赠。这是一首七言古诗，从多个角度展示了隐士生活的情趣，格调凄清而沉郁。这段时间，他无论是游山玩水，还是走亲访友，都会下意识流露出渐渐变浓的哀愁。

这年秋天，杜甫还游览了渼陂、曲江等处。他旅居京华已六年，郁郁不得志，年纪将老而功名无成，面对秋色寂寥的曲江，杜甫感慨万千，写下组诗《曲江三章章五句》：

曲江萧条秋气高，菱荷枯折随风涛，游子空嗟垂二毛。
白石素沙亦相荡，哀鸿独叫求其曹。

即事非今亦非古，长歌激越梢林莽，比屋豪华固难数。
吾人甘作心似灰，弟侄何伤泪如雨。

自断此生休问天，杜曲幸有桑麻田，故将移住南山边。
短衣匹马随李广，看射猛虎终残年。

　　组诗共三首，每首五句，为游曲江所写。杜甫在第一章首先借曲江秋季萧瑟之景，抒发个人怀才不遇的寂寞和忧伤。第二章则写他本想借游赏美景来解忧，却不料触景生情，旧愁未消又添新忧。第三章写他内心的愤懑，似乎流露出归隐之意。

　　杜甫之名刚被皇上所知，虽然"待制"还没有结果，但真要他此时归隐，那恐怕只是句气话而已。

　　如果说杜甫大半年时间都是在闲游的话，那么他与圈子里几个志趣相投的朋友相聚则称得上文学史上值得纪念的盛事。也是在这个秋天，杜甫与高适、薛据、岑参、储光羲相会于都城长安。新朋旧友欢聚一堂，畅叙幽情，然后一起游览长安的慈恩寺，登上大雁塔，赋诗唱和。

　　高适，辞去原来封丘县尉的官职，做了河西节度使哥舒翰的书记官。诸公游完慈恩寺，见寺后宝塔巍峨俊逸，便拾级而上，触景生情，遂吟诗唱和以助兴。高适首唱，作《同诸公登慈恩寺浮图》

诗一首，吟道：

> 香界泯群有，浮图岂诸相。登临骇孤高，披拂欣大壮。
> 言是羽翼生，迥出虚空上。顿疑身世别，乃觉形神王。
> 宫阙皆户前，山河尽檐向。秋风昨夜至，秦塞多清旷。
> 千里何苍苍，五陵郁相望。盛时惭阮步，末宦知周防。
> 输效独无因，斯焉可游放。

此诗以佛理起兴，写登高所见所感，隐隐透露出心中惆怅，高适认为佛家清净之理能使人彻悟，殊妙的善因又是他向来的信奉，因此想学东汉高人逢萌，及早挂冠而去。高适吟毕，其余几人依题相和。

薛据，开元十九年（731年）与王维同榜进士。天宝六年（747年）又中风雅古调科第一人。他不仅有才，且为人刚直、有气魄，但性格孤傲，爱耍小脾气。杜甫盛赞薛据："赋诗宾客间，挥洒动八垠。乃知盖代手，才力老益神。"可惜，薛据所和之诗未传于世。

储光羲，开元十四年（726年）举进士，首授冯翊县尉，后一直在县尉一职上转迁，仕途不甚得意。这时为监察御史。他擅长作山水田园诗，格调高逸、意趣深远。他作《同诸公登慈恩寺塔》诗和道：

> 金祠起真宇，直上青云垂。地静我亦闲，登之秋清时。
> 苍芜宜春苑，片碧昆明池。谁道天汉高，逍遥方在兹。
> 虚形宾太极，携手行翠微。雷雨傍杳冥，鬼神中躨跜。
> 灵变在倏忽，莫能穷天涯。冠上闾阖开，履下鸿雁飞。
> 宫室低迤逦，群山小参差。俯仰宇宙空，庶随了义归。
> 崱屴非大厦，久居亦以危。

岑参，天宝年间进士，曾随高仙芝守安西、武威，后又往来于北庭、轮台间。他善于描绘塞上风光和战争景象，气势豪迈、情辞慷慨，语言变化自如。当天，他的和诗为《与高适薛据登慈恩寺浮图》：

塔势如涌出，孤高耸天宫。登临出世界，磴道盘虚空。
突兀压神州，峥嵘如鬼工。四角碍白日，七层摩苍穹。
下窥指高鸟，俯听闻惊风。连山若波涛，奔凑似朝东。
青槐夹驰道，宫馆何玲珑。秋色从西来，苍然满关中。
五陵北原上，万古青濛濛。净理了可悟，胜因夙所宗。
誓将挂冠去，觉道资无穷。

此诗写岑参登佛塔后触景生情，极力赞颂五陵北原之美，洋溢着对大好河山的热爱之情；又似乎忽悟佛理，决议辞官学佛，以济世人，暗示对国事无可奈何之意。

诸公中，杜甫所作《同诸公登慈恩寺塔》可谓压轴之作：

高标跨苍天，烈风无时休。自非旷士怀，登兹翻百忧。
方知象教力，足可追冥搜。仰穿龙蛇窟，始出枝撑幽。
七星在北户，河汉声西流。羲和鞭白日，少昊行清秋。
秦山忽破碎，泾渭不可求。俯视但一气，焉能辨皇州。
回首叫虞舜，苍梧云正愁。惜哉瑶池饮，日晏昆仑丘。
黄鹄去不息，哀鸣何所投。君看随阳雁，各有稻粱谋。

所谓景随情生，杜甫此时的心情与诸公有别。他从眼前破碎、空蒙之境展开联想，道出如今王朝表面上歌舞升平，实际上已经危机四伏。眼前景物都被蒙上一层惨淡的颜色。诗中隐含着杜甫对国家时事的关注，对时局的担忧，对人生无常的伤感。可惜诸公中，只有忧患意识最强的杜甫还是一介布衣。

是年冬，高适随安西节度使哥舒翰入朝述职，杜甫又与高适在长安见面。才几个月不见的老友，却有满腹的离别之情要倾诉。此时杜甫本人已经窘迫至极，反而担心高适从军靖边会更苦，尽可能宽慰、叮咛及规诫好友。在高适要返回边塞之际，杜甫写下这首《送高三十五书记》：

> 崆峒小麦熟，且愿休王师。请公问主将，焉用穷荒为。
> 饥鹰未饱肉，侧翅随人飞。高生跨鞍马，有似幽并儿。
> 脱身簿尉中，始与捶楚辞。借问今何官，触热向武威。
> 答云一书记，所愧国士知。人实不易知，更须慎其仪。
> 十年出幕府，自可持旌麾。此行既特达，足以慰所思。
> 男儿功名遂，亦在老大时。常恨结欢浅，各在天一涯。
> 又如参与商，惨惨中肠悲。惊风吹鸿鹄，不得相追随。
> 黄尘翳沙漠，念子何当归。边城有余力，早寄从军诗。

这是一首五言古诗。一方面，杜甫为征边的将士唱赞歌，以任侠尚武为荣，表达连他都想拼战疆场建功立业的雄心壮志；另一方面，他又严厉指责统治者妄开战端，穷兵黩武，完全不顾民众疾苦，以致民不聊生、政局动荡。

高适参加了上一年哥舒翰征讨吐蕃的战役，哥舒翰以官军六万三千人攻取吐蕃石堡城。杜甫规劝高适只要在军府中"熬"上十年八载，自然可以升作主将了。现在最要紧的不是征战，而应休兵息民，加意防守，切不可再鞭挞百姓。因高适性格豪放，杜甫叮嘱他凡事加倍小心。但因高适马上要重返战场，杜甫只能希望他有空就写诗书来。

杜陵野客人更嗤

　　唐玄宗自改年号为天宝后，便开始坐享开元盛世取得的成果。他已做了三十多年的皇帝，眼看海内升平、社会富庶，觉得国内已没有什么事值得忧虑，暂时的太平磨灭了他早年励精图治的激情。他疏于朝政，沉溺于后宫享乐，以致大权旁落。在张九龄任宰相期间，李林甫、杨国忠、安禄山等人结为一党，与张九龄抗衡。张九龄死后，李林甫想独揽朝政大权，唐玄宗仍施用权力制衡术，在朝中支持能与之抗衡的力量。于是国戚杨国忠、安禄山的地位直线上升。此二人把很大一部分兵权控制在手中。但杨国忠并不懂军事，所以他又借贵妃杨玉环的魅力，把安禄山等节度使拉拢过来，与主政的宰相李林甫相对抗。安禄山曾依附于李林甫，忌惮李林甫。他虽然答应了与杨国忠合作，但又担心杨国忠可能随时背弃他，因此安禄山决定"脚踩两只船"。

　　天宝年间，朝廷与西北、西南少数民族之间的战争越来越频繁。连年不断的战火，不仅给边疆少数民族带来沉重灾难，也给广大中原地区的百姓带来不幸。朝廷当初改府兵制为募兵制，其基本出发点是要将兵权掌控于中央，但结果却使军队成为少数几人争权夺利的工具。安禄山与杨国忠很快分道扬镳，一个将北疆重镇控制在自己手中，另一个支持南疆对南诏（今云南一带）的征战，不断征兵，形成南北竞赛的局面。战争把大唐和全国百姓拖进了难以挣脱的泥淖之中。

天宝十一年（752 年），朝廷同时向西北、西南增兵，战事越来越紧张。虽然大唐军队控制了北疆的战局，但国家耗费了大量人力物力，百姓辗转沟壑，士兵们更是不胜其苦。平南诏的唐军败多胜少，仅泸南一战，由杨国忠亲信鲜于仲通统帅的唐军就伤亡六万余人。极力支持对南诏用兵的杨国忠不仅隐瞒败绩不报，还派遣御史在河南、河北等地抓壮丁，"连枷送诣军所。……于是行者愁怨，父母妻子送之，所在哭声振野"。

杜甫目睹此番情形，悲愤填膺，挥毫写下他的第一首诉状——《兵车行》：

> 车辚辚，马萧萧，行人弓箭各在腰。
> 耶娘妻子走相送，尘埃不见咸阳桥。
> 牵衣顿足拦道哭，哭声直上干云霄。
> 道傍过者问行人，行人但云点行频。
> 或从十五北防河，便至四十西营田。
> 去时里正与裹头，归来头白还戍边。
> 边庭流血成海水，武皇开边意未已。
> 君不闻汉家山东二百州，千村万落生荆杞。
> 纵有健妇把锄犁，禾生陇亩无东西。
> 况复秦兵耐苦战，被驱不异犬与鸡。

长者虽有问，役夫敢申恨？

且如今年冬，未休关西卒。

县官急索租，租税从何出？

信知生男恶，反是生女好。

生女犹得嫁比邻，生男埋没随百草。

君不见青海头，古来白骨无人收。

新鬼烦冤旧鬼哭，天阴雨湿声啾啾。

"行"是乐府歌曲的一种体裁。这种诗体有自由叙事的特点，既不必押韵，也不必讲平仄。在这首叙事诗里，杜甫将亲身见闻描述出来，场景触目惊心：灰尘弥漫，车马人流，令人目眩；哭声遍野，直冲云天，震耳欲聋！这首诗集中展现了成千上万个家庭妻离子散的悲剧。他又借征夫对老人的答话，倾诉了人民对战争的痛恨。无论是前一段的描写叙述，还是后一段的代人叙言，他寓情于叙事之中，激切奔越、浓郁深沉的思想感情都自然地融汇于全诗始终。他那种焦虑不安、忧心如焚的形象也跃然于纸上。杜甫以严肃的态度，真实地记录下人民被驱往战场送死的悲惨图景，这是他深切地了解民间疾苦和寄予深刻同情的名篇之一。

自此开始，杜甫诗歌创作的内容发生转变，由干谒权贵的奉迎转向人民大众的疾苦。结合杜甫所作的《出塞》组诗前九首，即《前出塞九首》，可能会更清楚地看出这一重大转变。

其一

戚戚去故里，悠悠赴交河。

公家有程期，亡命婴祸罗。

君已富土境，开边一何多。

弃绝父母恩，吞声行负戈。

其三

磨刀呜咽水，水赤刃伤手。

欲轻肠断声，心绪乱已久。

丈夫誓许国，愤惋复何有！

功名图骐𬴊，战骨当速朽。

其五

迢迢万余里，领我赴三军。

军中异苦乐，主将宁尽闻。

隔河见胡骑，倏忽数百群。

我始为奴仆，几时树功勋？

组诗中描绘的都是现实生活中的一幕幕出征悲戚的场景。通过征夫的诉说，杜甫对统治者穷兵黩武给百姓带来深重苦难予以控诉。内容与《兵车行》一脉相承，每一首都简练、精粹。这类题材的创作标志着杜诗现实主义创作的崭新开端。

当然，面对残酷的现实，杜甫作为一介布衣，除了提出控状，无力改变什么。他不甘心，为实现自己"致君尧舜上，再使风俗淳"的政治理想，还在做不懈的努力。

唐玄宗虽然已经让杜甫待制集贤院，但杜甫一直没等来结果，心情越来越沉重。随着时间的流逝，杜甫之忧越发强烈。漫长的等待令人心烦意乱，他的生活已穷困到不堪忍受的境地。到了天宝十二年（753 年），杜甫仍对待制集贤院有所期盼。他的内心一直处于矛盾的挣扎中。一方面，他曲身逢迎权贵，想尽快跻身于官场；另一方面，他又对达官贵人们的奢侈生活予以嘲讽，揭露官场的黑暗和上层阶级的堕落腐败。

这一年春天，杜甫将目光投向了令千万人瞩目的骊山。唐太宗贞观十八年（644年），著名建筑家、画家阎立德在骊山西北麓主持建造了汤泉宫，唐玄宗即位后不久将它扩建为以温泉为中心的"陪都"，改名为华清宫。因宫殿建在温泉之上，又称华清池。天宝年间，唐玄宗每年农历十月都会偕杨贵妃来此越冬，在这里处理朝政，接见朝臣，到第二年农历二月或四月才返回长安。其时，杨玉环正集"三千宠爱在一身"，杨国忠在朝中的气焰也最盛。杜甫遥望骊山，愁绪满怀，写了一首《丽人行》。他的矛盾心理进一步体现出来。诗中写道：

> 三月三日天气新，长安水边多丽人。态浓意远淑且真，肌理细腻骨肉匀。绣罗衣裳照暮春，蹙金孔雀银麒麟。头上何所有？翠微㠏叶垂鬓唇。背后何所见？珠压腰衱稳称身。就中云幕椒房亲，赐名大国虢与秦。紫驼之峰出翠釜，水精之盘行素鳞。犀箸厌饫久未下，鸾刀缕切空纷纶。黄门飞鞚不动尘，御厨络绎送八珍。箫鼓哀吟感鬼神，宾从杂遝实要津。后来鞍马何逡巡，当轩下马入锦茵。杨花雪落覆白蘋，青鸟飞去衔红巾。炙手可热势绝伦，慎莫近前丞相嗔！

此诗是对杨氏兄妹曲江春游的优美写实，语句香艳华丽。先泛写游春仕女的体态之美和服饰之盛，引出主角杨氏姐妹的娇艳姿色；后写宴饮的豪华，场面宏大，似有谀美之嫌。但人们普遍认为此诗讽刺了杨家兄妹骄纵荒淫的生活，隐晦地反映了君王的昏庸和时政的腐败。诗的最后一段写杨国忠权倾朝野，专断骄横。可以看出杜甫对外戚专权非常不满，但他的本意或许只是发牢骚。联想前一年杜甫在《奉赠鲜于京兆二十韵》一诗中，对杨国忠的亲信鲜于仲通那般追捧赞赏。可能是因为杨国忠将他拒之门外，所以他才说"慎莫近前丞相嗔"。

从这首诗中可看出杜甫正处于心理矛盾之中，处于思想转变的过渡阶段。他内心不满，忧愤交集，但又不得不说些奉迎之语。应该说，这首歌行赞誉多于嘲讽，劝百讽一。

这一年春天，杜甫的老朋友郑驸马邀请他同游樊川韦曲，他欣然前往。但这次陪游韦曲，与初次游樊川谷神禾原的心情大不一样，杜甫由景生情，写下两首绘景咏怀诗《奉陪郑驸马韦曲二首》。

其一

韦曲花无赖，家家恼杀人。

绿尊虽尽日，白发好禁春。

石角钩衣破，藤枝刺眼新。

何时占丛竹，头戴小乌巾。

杜甫用俗语盛赞韦曲花之美，似乎由韦曲春景而动归隐之怀，对自己发问，什么时候才能像隐士一样，过上悠闲淡泊的生活。实际上，这是在掩饰他心里的焦虑，并非有归隐实意。

其二

野寺垂杨里，春畦乱水间。

美花多映竹，好鸟不归山。

城郭终何事，风尘岂驻颜。

谁能共公子，薄暮欲俱还。

由韦曲之境引发老去之思考，既羡慕村居幽事，又难舍都市尘缘。纠结的心情充分地反映在他长安前期的诗里：一方面羡慕自由的"江湖人士",一方面又想在长安谋得一官半职,致使他常常有这样的对句:上句说要脱离使人拘束的京都,下句紧接着又说不能不留在这里。

天宝十二年(753年)秋,杜甫的次子宗武出生,本是一桩喜事,却让他更加犯愁。因为他一家人原本就缺衣少食,妻子儿女饿得面黄肌瘦,现今又添新丁,家庭开支必然随之增大,他不知能有什么法子让家人活下去。他作诗描写自己的情形:穿着不合身的粗布衣裳,头发苍白,有时候靠卖一点草药维持生计,有时候靠朋友们接济。每天去官府赈济贫苦百姓的平价粮仓那里买几升米。因许多地区受灾,长安城米价越来越贵,于是朝廷开仓向穷人出售减价米,为了防止多买或者投机分子捣鬼,规定每户每天只能买五升米。即便如此,杜甫还要拿出其中的一部分换酒喝。也许只有喝点酒才可以暂时忘掉那些烦恼,暂时麻痹自己的神经。贫病交迫之中,杜甫遭受了不少白眼,感悟到世态炎凉。

天宝十三年(754年)春,杜甫大部分时间仍在陪饮陪游。他先后写了《陪诸公子丈八沟携妓纳凉晚际遇雨二首》《醉时歌》《城西陂泛舟》《渼陂行》《渼陂西南台》《与鄠县源大少府宴渼陂》等十几首宴游诗。其中,送给郑虔的《醉时歌》最具代表性。他写道:

诸公衮衮登台省,广文先生官独冷。甲第纷纷厌粱肉,广文先生饭不足。先生有道出羲皇,先生有才过屈宋。德尊一代常坎坷,名垂万古知何用!杜陵野客人更嗤,被褐短窄鬓如丝。日籴太仓五升米,时赴郑老同襟期。得钱即相觅,沽酒不复疑。忘形到尔汝,痛饮真吾师。清夜沉沉动春酌,灯前细雨檐花落。但觉高歌有鬼神,焉知饿死填沟壑?相如逸才亲涤器,子云识字终投阁。先生早赋归去来,石田茅屋荒苍苔。儒术于我何有哉,孔丘盗跖俱尘埃。不须闻此意惨怆,生前相遇且衔杯。

此诗是他与好友郑虔相聚酒酣之时所作。诗的上半部分用"诸公"的显达地位和奢靡生活来与郑虔的位卑穷窘对比，那些侯门显贵之家对于精粮美肉已觉厌腻，而广文先生连饭也吃不饱，杜甫以惋惜的心情为广文先生鸣不平：品德被举世推尊，仕途却总是坎坷；辞采虽能流芳百世，可解决不了眼前的饥寒。诗的下半部分从广文先生转到"杜陵野客"身上。酒醉之后，他更加忧愤，只能用才士薄命的事例来安慰朋友。"儒术于我何有哉，孔丘盗跖俱尘埃"，仕路坎坷，怀才不遇，儒术也派不上用场，他确实被漫长的等待与窘困的生活逼到走投无路的境地。他嘲讽那些达官贵人生活奢靡，而他自己整天看人脸色，仰人鼻息，狼狈至极。在茫茫世途中，他只能自解自慰，悲慨中又含有多少无可奈何的愁绪。

穷年忧黎元，叹息肠内热

天宝十三年（754年）春末，杜甫仍未等来唐玄宗起用他的任何消息，于是又接连进呈《封西岳赋》《雕赋》，向唐玄宗再次表明自己积极用世的心迹。

在《封西岳赋》中，杜甫请求唐玄宗封禅祭祀西岳华山。因唐玄宗生于武后垂拱元年（685年）乙酉年，酉主西，而华山为西岳之尊，故为唐玄宗的本命之山。几年前，唐玄宗已将华岳神封为金天王，树起一座高五十余尺的碑，然后开凿山路，准备前往华山封禅，只因西岳庙发生火灾才作罢。而今，唐玄宗年届七十，这时封禅祭祀华山具有非常特殊的意义。

杜甫在这篇赋中说："维岳，授陛下元弼，克生司空。"元弼，即辅佐皇帝的宰辅大臣，司空则专指右丞相、司空杨国忠。在赋中，他预先设想了皇帝封祭西岳的盛大情景，顺带对有朝廷官员任免权的杨国忠作一番吹捧。其实他写《封西岳赋》的根本目的不是真的建议唐玄宗封禅华山，而是要有一个事由引起皇帝的注意，提醒唐玄宗别对他弃置不用。杜甫待制集贤院整三年，随着年岁日增，求官之心愈切，不得不把心里的话直白地表达出来。这对于杜甫来讲，是别无选择的办法。但是这次进献《封西岳赋》犹如石沉大海，杜甫没有等来任何回音。

六月，杨国忠又命令侍御史李宓率兵攻打南诏，结果再遭惨败。杜甫对战争已是深恶痛绝，但他对征战沙场的将士又是赞赏的。

就在杜甫焦虑难安的时候，曾经答应推荐他入仕的张垍被召还回京，不仅官复原职，还加授为太常寺卿，入翰林院掌诰命。杜甫闻讯立即写了一首《奉赠太常张卿二十韵》：

> 方丈三韩外，昆仑万国西。建标天地阔，诣绝古今迷。
> 气得神仙迥，恩承雨露低。相门清议众，儒术大名齐。
> 轩冕罗天阙，琳琅识介珪。伶官诗必诵，夔乐典犹稽。
> 健笔凌鹦鹉，铦锋莹鷿鹈。友于皆挺拔，公望各端倪。
> 通籍逾青琐，亨衢照紫泥。灵虬传夕箭，归马散霜蹄。
> 能事闻重译，嘉谟及远黎。弼谐方一展，班序更何跻。
> 适越空颠踬，游梁竟惨凄。谬知终画虎，微分是醯鸡。
> 萍泛无休日，桃阴想旧蹊。吹嘘人所羡，腾跃事仍暌。
> 碧海真难涉，青云不可梯。顾深惭锻炼，才小辱提携。
> 槛束哀猿叫，枝惊夜鹊栖。几时陪羽猎，应指钓璜溪。

在这首诗中，杜甫非常高兴地回忆了张垍对自己的帮助，但他没有足够的能力把握好这次机会，辜负了张垍的提携，委婉表达了自己还没有谋得官职的沮丧落寞之情。

张垍虽然妒才，但他有很大的权势，又在文坛上有一定的影响力。有这样的人愿意帮助杜甫，谋得官职应该不是难事。在这件事情上，与其说是杜甫诣媚于权贵，不如说是他为了追求理想而在人格上做出屈服。

张垍是否真的帮了杜甫不得而知，但这前后两年，朝廷权力中枢有很大调整。去年，奸相李林甫在病中时，杨国忠又拉拢安禄山，设计诬告李林甫与叛将阿布思约为父子，同谋造反。安禄山还派阿布思部落的降将入朝作证。唐玄宗命有司审理。李林甫的女婿杨齐宣担心自己受到牵连，便附和杨国忠，出面证实。李林甫死后尚未下葬，就被削去官爵，抄没家产。继任宰相陈希烈是李林甫推荐的，杨国忠忌恨这个迂腐的"书呆子"，借故将他罢黜，推荐韦见素为相。

杜甫入仕途上最大的绊脚石李林甫死了，权势越来越大的张垍又肯为他说话，如果再与杨国忠推荐的左丞相疏通好关系，进入仕途将指日可待。彼时韦见素为兵部尚书、同中书门下省平章事，擢升为左丞相。于是，杜甫作《上韦左相二十韵》表示庆贺：

凤历轩辕纪，龙飞四十春。八荒开寿域，一气转洪钧。
霖雨思贤佐，丹青忆老臣。应图求骏马，惊代得麒麟。
沙汰江河浊，调和鼎鼐新。韦贤初相汉，范叔已归秦。
盛业今如此，传经固绝伦。豫樟深出地，沧海阔无津。
北斗司喉舌，东方领搢绅。持衡留藻鉴，听履上星辰。
独步才超古，余波德照邻。聪明过管辂，尺牍倒陈遵。
岂是池中物，由来席上珍。庙堂知至理，风俗尽还淳。
才杰俱登用，愚蒙但隐沦。长卿多病久，子夏索居频。
回首驱流俗，生涯似众人。巫咸不可问，邹鲁莫容身。
感激时将晚，苍茫兴有神。为公歌此曲，涕泪在衣巾。

杜甫在诗中说朝廷革除陈希烈宰相之职是明智之举，他希望韦见素进入朝廷后能够秉持新政。而他自己也希望有机会为新政出力，隐含之意就是讨个官做，为朝廷效劳。为了做官阿谀奉承，极力巴结，这种屈服不是杜甫自己可以选择的。在腐败黑暗的官场中，这是一个有报国之志的文人不得已的选择。在他心中始终闪耀着"庙堂知至理，风俗尽还淳"的理想光芒。

杜甫眼看就可踏入仕途，一场秋雨又将他理想的火苗浇灭了。长安的这场秋雨断断续续下了六十多天，很多房屋由于雨水的浸泡而坍塌破漏，"京域垣屋，颓坏殆尽，……漂没一十九坊"。百川皆盈，以至于牛马不辨、浊清难分。庄稼遭雨后，禾头长出卷曲如耳朵形状的芽蘖，而且黍不耐雨，故穗黑将烂。都城物价暴涨，百姓痛苦流离，很多人忍饥挨饿，艰难度日。让人气恼的是，右丞相杨国忠竟谎报灾情。《资治通鉴》记载："上忧雨伤稼，国忠取禾之善者献之，曰：'雨虽多，不害稼也。'上以为然。扶风太守房琯言所部水灾，国忠使御史推之。是岁，天下无敢言灾者。"结果，灾情进一步扩大。

杜甫既对这样的黑暗政治心生愤慨，也对百姓困苦的生活充满忧虑。他作诗《和雨叹三首》，一连三叹。

其一

雨中百草秋烂死，阶下决明颜色鲜。
著叶满枝翠羽盖，开花无数黄金钱。
凉风萧萧吹汝急，恐汝后时难独立。
堂上书生空白头，临风三嗅馨香泣。

其二

阑风长雨秋纷纷，四海八荒同一云。

去马来牛不复辨，浊泾清渭何当分。

禾头生耳黍穗黑，农夫田妇无消息。

城中斗米换衾裯，相许宁论两相直。

其三

长安布衣谁比数，反锁衡门守环堵。

老夫不出长蓬蒿，稚子无忧走风雨。

雨声飕飕催早寒，胡雁翅湿高飞难。

秋来未曾见白日，泥污后土何时干？

第一首叹秋之萧瑟。"堂上书生空白头"一句是说杜甫自身老大难有成。第二首叹"无消息"。由于杨国忠堵塞言路，百姓诉苦求助无门。世界如此浑浊，万物皆不辨，道者无存。第三首叹有志者路穷，只能独守一隅，自哀自怜。"秋来未曾见白日，泥污后土何时干"，他的一生几乎是在等待中度过。

到了重阳节这天，杜甫想起了老朋友岑参，但因秋雨还在下个不停，没法去探望，于是作七律《九日寄岑参》：

出门复入门，雨脚但仍旧。

所向泥活活，思君令人瘦。

沉吟坐西轩，饭食错昏昼。

寸步曲江头，难为一相就。

吁嗟乎苍生，稼穑不可救。

安得诛云师，畴能补天漏？

大明韬日月，旷野号禽兽。

君子强逶迤，小人困驰骤。

维南有崇山，恐与川浸溜。

是节东篱菊，纷披为谁秀？

岑生多新语，性亦嗜醇酎。

采采黄金花，何由满衣袖？

杜甫对不能探访朋友表示歉意，对遭遇天灾的苍生表示同情和关怀，并借阴阳失度对当时朝政有所讥刺。

随后，杜甫还为这场淫雨作了《苦雨奉寄陇西公兼呈王征士》《叹庭前甘菊花》等诗。他在《叹庭前甘菊花》中吟道：

庭前甘菊移时晚，青蕊重阳不堪摘。

明日萧条醉尽醒，残花烂熳开何益？

篱边野外多众芳，采撷细琐升中堂。

念兹空长大枝叶，结根失所缠风霜。

甘菊花因为移栽得晚，到重阳节时花蕊还是青色的，不能摘来观赏。这首诗当是杜甫以菊花自况。

鉴于这年涝灾严重，唐玄宗虽下令开仓赈灾，但一些贪吏徇私舞弊，奸商囤积居奇，物价暴涨，百姓在无可选择之下，除在心中质疑"相许宁论两相直"外，也只能认命。

杜甫在城郊的家人同样面临生活难以为继的窘况。无奈之下，杜甫只得将妻子儿女送至奉先县（今陕西省蒲城县）。奉先县令姓杨，与杜甫的夫人杨氏是姑表亲，因此一家人暂时寄宿在县衙公舍里。在奉先的那几天，杜甫观赏了县尉刘单的山水画作，作称赞诗《奉先刘少府新画山水障歌》。诗中有一段写道：

悄然坐我天姥下，耳边已似闻清猿。

反思前夜风雨急，乃是蒲城鬼神入。

元气淋漓障尤湿，真宰上诉天应泣。

野亭春还杂花远，渔翁暝踏孤舟立。

沧浪水深青溟阔，欹岸侧岛秋毫末。

不见湘妃鼓瑟时，至今斑竹临江活。

…… ……

杜甫欣赏的是屏中山水画，从诗中可以看出这幅画非常精妙，而语言更是传神，其中客观自然的联想和奇幻景物的假设错杂而下，先有潇湘、天姥、蒲城；后有玄圃、鬼神、真宰，画中山水相映成趣。或许是杜甫到奉先后心情好了许多，所以才能平心静气地欣赏这幅画。

在奉先，他还写了一首长诗《桥陵诗三十韵因呈县内诸官》。在诗末言道："荒岁儿女瘦，暮途涕泗零。主人念老马，廨署容秋萤。流寓理岂惬，穷愁醉未醒。何当摆俗累，浩荡乘沧溟。"他似乎又有了超脱尘世的念头。但他在奉先没待上几天就回到了长安。

一到都城，就听说河西节度使哥舒翰打了胜仗，杜甫的边塞情结又被激发，他立马作长韵《投赠歌舒开府翰二十韵》：

今代麒麟阁，何人第一功。君王自神武，驾驭必英雄。

开府当朝杰，论兵迈古风。先锋百胜在，略地两隅空。

青海无传箭，天山早挂弓。廉颇仍走敌，魏绛已和戎。

每惜河湟弃，新兼节制通。智谋垂睿想，出入冠诸公。

日月低秦树，乾坤绕汉宫。胡人愁逐北，宛马又从东。

受命边沙远，归来御席同。轩墀曾宠鹤，畋猎旧非熊。

茅土加名数，山河誓始终。策行遗战伐，契合动昭融。
勋业青冥上，交亲气概中。未为珠履客，已见白头翁。
壮节初题柱，生涯独转蓬。几年春草歇，今日暮途穷。
军事留孙楚，行间识吕蒙。防身一长剑，将欲倚崆峒。

杜甫不仅称赞歌舒翰在陇右立下战功，还称颂"君王自神武，驾驭必英雄"。歌舒翰能延揽人才，严武、吕諲、高适、萧昕均被他纳入帐下。经历过多次失败的杜甫有意投靠他，说了很多漂亮话。不仅如此，接下来他又写了一首《赠田九判官梁丘》，对歌舒翰的部下也赞赏有加。杜甫的边塞情结一直是矛盾的，他反对开边黩武的战争，但对抗击外敌入侵、收复失地又非常支持，并为征战疆场的将士大唱赞歌，甚至他自己都想加入这些英雄的行列。

天宝十四年（755年）二月初，陇右、河西节度使哥舒翰入朝，奏明安禄山有谋反之心，唐玄宗充耳不闻。因患风疾，哥舒翰获准留在京师，居家不出。哥舒翰一离开陇右，那里的战局就变得复杂起来。在遴选主将时，朝堂之上又出现分歧，朝廷对战局已难以掌控。

二月下旬，安禄山副将何千年入奏，请求用三十二名番将代替汉将，唐玄宗准允。左丞相韦见素对杨国忠说："安禄山久有异志，现在又请以番将代汉将，其反意已明。明天我要进谏极言，如不听允，请你继续谏说。"杨国忠表示赞同。第二天，韦、杨二人觐见唐玄宗，韦见素刚说到安禄山有反心，唐玄宗就一脸不悦，杨国忠见状便不敢帮腔了。唐玄宗派人往北疆军中调查，因安禄山贿赂了调查使臣，唐玄宗得到报告证实安禄山没有异心。于是，唐玄宗又召韦、杨入内殿，对他们说："我视禄山为子，诚心待他，他必无异志。东北的奚与契丹势力强大，非禄山镇遏不可。"唐玄宗的态度如此，国之最大隐患终未能早除。

杜甫在这年夏天去了一趟白水县，看望舅父崔十九翁，作长韵《白水县崔少府十九翁高斋三十韵》。从诗中可以看出，杜甫是向亲友诉苦，"始知贤主人，赠此遣愁寂"。通过写昆仑山之险怪，暗喻当下的政局危势，并隐隐透露出随哥舒翰从军的念头。

入秋，杜甫与舅父崔氏一同到奉先，然后独自回长安。十月，杜甫终于等来一个天大的喜讯——他被授予河西尉，九品，是大唐品级最低的地方官职。整整十年，杜甫终于入仕，成为朝廷命官了。

河西属于"京畿三辅"之一冯翊郡的一个县，在长安东北边，距离风陵渡不太远。相对于大唐帝国的其他郡县来说，这里算是核心地带。对于有出身、有人脉的贵族子弟来说，只要地方工作干得好，获得提拔的机会很多。但与杜甫"致君尧舜上，再使风俗淳"的政治理想差距太大，他不愿改变心志，因而拒绝赴任，然后恳请换个职位，结果被改授为右卫率府胄曹参军（八品）。这是一个负责看管兵甲仓库的小官，可能是因为他的朋友高适在军中升迁顺利，这个低品级的职位也让他高兴不已，特作诗《官定后戏赠》记录自己喜悦的心情。

> 不作河西尉，凄凉为折腰。
> 老夫怕趋走，率府且逍遥。
> 耽酒须微禄，狂歌托圣朝。
> 故山归兴尽，回首向风飙。

十一月上旬，杜甫从长安前往奉先，他要与家人一起分享这份喜悦。一路上，北风呼啸，天寒地冻。黎明时分经过骊山脚下，遥望华清宫，依然灯火通明，他想到唐玄宗与杨贵妃在山上纵情享乐，而老百姓却饥寒交迫地挣扎在死亡线上，心中百感交集。

杜甫正走在去奉先的路上，大唐王朝发生了一场惊天动地的大地震：安禄山在范阳起兵反唐，"安史之乱"爆发。据史书记载，安禄山在范阳起兵的时间是十一月九日，消息传到长安，唐玄宗甚至不相信，直到十一月十五日，唐玄宗才验证消息确凿，忙召集宰相紧急商议对策。

杜甫长途跋涉，归心似箭，漫天飞雪中，他一脸疲惫地奔回家中。刚进柴门，却听见妻子撕心裂肺的哀号声——他最小的儿子刚刚饿死。杜甫顿时崩溃，心如刀绞，悲痛欲绝。身为人父，自信才高八斗，壮志凌云，如今却连自己的儿子都养不活，这叫他有何颜面见自己的亲人？他满腔悲愤，情难自抑，诗句如泉涌，一口气写下《自京赴奉先县咏怀五百字》：

> 杜陵有布衣，老大意转拙。许身一何愚，窃比稷与契。
> 居然成濩落，白首甘契阔。盖棺事则已，此志常觊豁。
> 穷年忧黎元，叹息肠内热。取笑同学翁，浩歌弥激烈。
> 非无江海志，潇洒送日月。生逢尧舜君，不忍便永诀。
> 当今廊庙具，构厦岂云缺。葵藿倾太阳，物性固莫夺。
> 顾惟蝼蚁辈，但自求其穴。胡为慕大鲸，辄拟偃溟渤。
> 以兹误生理，独耻事干谒。兀兀遂至今，忍为尘埃没。
> 终愧巢与由，未能易其节。沉饮聊自遣，放歌破愁绝。
> 岁暮百草零，疾风高冈裂。天衢阴峥嵘，客子中夜发。
> 霜严衣带断，指直不得结。凌晨过骊山，御榻在嵽嵲。
> 蚩尤塞寒空，蹴踏崖谷滑。瑶池气郁律，羽林相摩戛。
> 君臣留欢娱，乐动殷樛嶱。赐浴皆长缨，与宴非短褐。
> 彤庭所分帛，本自寒女出。鞭挞其夫家，聚敛贡城阙。

圣人筐篚恩，实欲邦国活。臣如忽至理，君岂弃此物。

多士盈朝廷，仁者宜战栗。况闻内金盘，尽在卫霍室。

中堂舞神仙，烟雾散玉质。暖客貂鼠裘，悲管逐清瑟。

劝客驼蹄羹，霜橙压香橘。朱门酒肉臭，路有冻死骨。

荣枯咫尺异，惆怅难再述。北辕就泾渭，官渡又改辙。

群冰从西下，极目高崒兀。疑是崆峒来，恐触天柱折。

河梁幸未坼，枝撑声窸窣。行旅相攀援，川广不可越。

老妻寄异县，十口隔风雪。谁能久不顾，庶往共饥渴。

入门闻号咷，幼子饥已卒。吾宁舍一哀，里巷亦呜咽。

所愧为人父，无食致夭折。岂知秋禾登，贫窭有仓卒。

生常免租税，名不隶征伐。抚迹犹酸辛，平人固骚屑。

默思失业徒，因念远戍卒。忧端齐终南，澒洞不可掇。

杜甫将自己回家途中的经历写入这首长诗，他总结自己困守长安十年的心路历程，并对十年干谒生活作深刻反思。他从对理想的追求过程入手，回想科举的冤屈、仕途的坎坷、权贵的冷眼、生活的艰难、世态的炎凉、同宗的误解，杜甫对艰难世事的认识更加深刻。他深入黑暗现实越深，头脑就越清醒；他的头脑越清醒，对现实人生的抨击就越深刻。这首长诗把最高统治集团醉生梦死的情状与黎民百姓饥寒交迫的困境加以尖锐的对照，以"朱门酒肉臭，路有冻死骨"这样震古烁今的名言高度概括了无法调和的社会矛盾，震人心魄地描绘出社会的腐败。

但是，杜甫深怀忧国忧民之心，仍然渴望能如"稷与契"一样为国效力。"穷年忧黎元，叹息肠内热"是他在政治理想失败后最大的担忧，这既反映了他对时局敏锐的洞察力，又表达了儒者关注民生的仁厚情怀。幼子因饥饿而丧命，更是让身为父亲的杜甫感到无比惭愧，这样的不幸对他的精神造成了极度摧残。社会沦落至此，可想而知那些"平人""失业徒""远戍卒"等人的生活状况和苦难遭遇。自此，杜甫揭示人间苦难的诗作一发而不可收，最终演绎成中国诗坛惊天地、泣鬼神的"诗史"。

当然，杜甫仍然心存儒家思想中浓厚的忠君情结，舍弃不了对王朝和君主的感情。"生逢尧舜时"与其说是对帝王的歌颂，不如说是对帝王的期待；"葵藿倾太阳""忧端齐终南"与其说是对君王的忠诚，不如说是对君王深切的担忧。这首长诗写出一个辉煌王朝在风雨飘摇中的动荡不安，写出大厦将倾之前权贵豪门醉生梦死、纸醉金迷的腐朽生活，充满了"山雨欲来风满楼"的担忧。

第五章

兵戈未止　望断长安功名路

终于谋得参军一职的杜甫来不及舒展心志，便遭遇了"安史之乱"。慌乱间，他将妻儿草草安顿，便投奔唐肃宗的行在地。期间，被俘虏、扣押、审问、营救，直至艰难逃脱。战祸与离乱让他的诗笔愈加沉重，忧国思家的情愫臻于至纯。

烽火连三月，家书抵万金

安禄山身兼范阳、平卢、河东三镇节度使，重兵在握，早就预谋反唐叛乱，只因往常唐玄宗和杨贵妃待他有恩，所以计划等唐玄宗死后即反叛大唐。奸相李林甫死后，杨国忠与安禄山的矛盾进一步加深，杨国忠屡次在唐玄宗面前告安禄山有反心，唐玄宗不以为意。于是，杨国忠便找由头激怒安禄山，逼他早反，让唐玄宗看清他的真面目。

安禄山与史思明勾结，策划举兵。天宝十四年（755 年）十一月，安禄山做好了起兵的一切准备，以"忧国之危"、奉密诏讨伐杨国忠为借口，向所属各部将帅发出起兵敕书。九日，安禄山所部兵马及同罗、奚、契丹、室韦总共十五万众，号为二十万，在范阳起兵，向长安进发。同时，命范阳节度副使贾循守范阳，平卢（治所在今辽宁省朝阳市）节度副使吕知诲守平卢，别将高秀岩守大同。

安禄山叛军的步骑精锐快速逼向黄河，一路烟尘滚滚，鼓噪震地。因河北是安禄山的军事辖区，这一带百姓几代不闻战争，承平日久，听说范阳兵起，震惊不已，纷纷南逃。叛军所过州县望风瓦解，守令或开门投降，或弃城逃窜，或被叛军擒杀。叛军一路南下，几乎没有遇到任何拦击。

十一月十五日，唐玄宗在紧急军事会议上向众臣征询应对之策，杨国忠面露得意之色，竟然说："叛贼只是安禄山本人，所部将士并不愿意反叛，过不几天，就会败灭。"唐玄宗认为他说得有理，仅派特使毕思琛往东都洛阳募兵防守，金吾将军程千里至河东（今山西省中北部）设立第二道防线拦截。两天后，安西节度使封常清主动请缨，唐玄宗封他为范阳、平卢节度使，迅即赶往东京，开府库，募骁勇，断河阳桥（今河南省孟县）阻敌。

十二月，安禄山叛军攻入洛阳。东京留守李憕和御史中丞卢奕不肯投降，被俘后为安禄山所杀，河南尹达奚珣被俘。未久，毕思琛投靠安禄山。山南节度使鲁炅率军立栅于滍水之南阻挡叛军，安禄山手下武令珣、降将毕思琛率大军来攻，鲁炅兵败退保南阳。叛军攻陷洛阳，安禄山自称燕帝，并招降纳叛，建立自己的武装和政权。

此时的杜甫带着家小由奉先往白水，请妻舅照顾家人，他自己准备返回长安。天宝十五年（756 年）初，叛军进抵潼关。杜甫见回长安无望，只得返回白水。他眼前还是平静的泉声松影，可是他觉得山林中仿佛有兵气弥漫，水光里闪烁着刀锋。

唐玄宗在洛阳失守后，听信宦官监军边令诚的谗言，杀大将封常清、高仙芝，起用病废在家的陇右节度使哥舒翰为兵马副元帅，令其率军二十万镇守潼关。此时，高适也在军中，晋升为监察御史。杜甫对哥舒翰相当信任，甚至一度想要投奔到他麾下。

安禄山的主力被阻于潼关数月，不能西进。见强攻不行，安禄山便命崔乾祐将老弱病残的士卒屯于陕郡（治所在今河南省三门峡市），而将精锐部队隐蔽起来，想诱使哥舒翰弃关出战。五月，唐玄宗接到叛将崔乾佑在陕郡"兵不足四千，皆羸弱无备"的情报，马上遣使敕令哥舒翰出兵收复陕洛一带。哥舒翰认为，安禄山久习用兵，今起兵叛乱，不会不做准备，极可能是用羸师弱卒引诱唐军，如若进兵，正好中计。他立即上书唐玄宗，阐明当下形势，揭示安禄山的阴谋。

与此同时，朔方节度使郭子仪、河东节度副使李光弼在河北攻打叛将史思明，大破敌军，随即众郡县的官吏均斩杀叛军，拥护郭、李大军，平乱进展十分顺利。因此他们二人认为潼关只宜坚守，不可轻出，并主张引朔方军北取范阳，倾覆叛军巢穴，促使叛军内部溃散。但是，宰相杨国忠却怀疑哥舒翰意在谋己，私下向唐玄宗告状说哥舒翰按兵不动将坐失良机。唐玄宗轻信谗言，不仅对郭子仪、李光弼的良谋置之不理，还接连派使者催促哥舒翰出战。哥舒翰被逼无奈，抚膺恸哭。官军被迫出关反攻，在灵宝西原与叛军崔乾佑所部会战。

六月九日，叛军向西攻破潼关，哥舒翰投降，唐玄宗带着杨贵妃、皇子皇孙、公主、妃子、杨国忠、韦见素、魏方进、陈玄礼和近侍从延秋门仓皇逃离长安，让太子李亨殿后。十日，唐玄宗西出至马嵬坡，太子李亨暗中鼓动禁军首领陈玄礼等人发动兵变，策杀杨国忠。随后，陈玄礼及韦见素之子韦谔请求唐玄宗杀死杨贵妃。"六军不发无奈何"，高力士劝说唐玄宗先保军心安定，唐玄宗在万般无奈中赐死爱妃杨玉环。自此，太子李亨与唐玄宗分道扬镳，兵变后唐玄宗继续向蜀地逃亡。

杜甫这时虽不知唐玄宗已出逃，以及中途发生兵变之事，但感觉到战火只怕一时难以平息，白水也将沦陷，于是拖家带口向陕北逃亡。途中，杜甫由于过度疲劳，陷在蓬蒿污泥里走不动了。这时与他一同逃亡的表侄王砅已经骑马走出十余里，忽然发现杜甫没能跟上，于是呼喊寻求，把他从草丛中扶掖出来，把自己的马借给杜甫乘用，并持剑在前开路，保护杜甫脱离了险境。一路上，杜甫一家人和众多流亡的百姓一样吃野果、搭窝棚，忍受国破家亡的痛苦。后来杜甫回忆这段艰难困苦的经历时，对王砅及朋友的救助之恩深怀感激。第二年他在《彭衙行》一诗中写道：

忆昔避贼初，北走经险艰。夜深彭衙道，月照白水山。
尽室久徒步，逢人多厚颜。参差谷鸟吟，不见游子还。
痴女饥咬我，啼畏虎狼闻。怀中掩其口，反侧声愈嗔。
小儿强解事，故索苦李餐。一旬半雷雨，泥泞相牵攀。
既无御雨备，径滑衣又寒。有时经契阔，竟日数里间。
野果充粮粮，卑枝成屋椽。早行石上水，暮宿天边烟。
少留周家洼，欲出芦子关。故人有孙宰，高义薄曾云。
延客已曛黑，张灯启重门。暖汤濯我足，剪纸招我魂。
从此出妻孥，相视涕阑干。众雏烂熳睡，唤起沾盘餐。
誓将与夫子，永结为弟昆。遂空所坐堂，安居奉我欢。
谁肯艰难际，豁达露心肝。别来岁月周，胡羯仍构患。
何当有翅翎，飞去堕尔前。

这首歌行是杜甫流亡经历的真实写照。他将逃难之景、颠沛之状及故人厚待之情，写得细致生动，如泣如诉，让人读来如亲身经历一般。

七月十三日，太子李亨在灵武（今属宁夏回族自治区银川市）继位，是为唐肃宗，改元至德。当日，唐肃宗派使者前往四川，向太上皇报告这一消息。杜甫此时已逃到鄜州（今陕西省富县一带）。

至德元年（756 年）八月初，他始知新皇唐肃宗即位，便把家小安置在羌村，独身一人离开鄜州，北上延州（今陕西省延安市），想去灵武投奔唐肃宗。可杜甫刚离开羌村，该地就被叛军攻陷了。他既担心家人的安危，又不愿错失报国的良机，稍作权衡，便继续向八百里开外的灵武进发。

一个阴雨天的傍晚，杜甫到达安塞芦子关。他夹在一群逃难的百姓中正要过关，突然迎面驰来大队叛军。他们把杜甫和这群百姓都抓起来，押到一个营地，逐个审问。

一个叛军头目问了杜甫姓名、年龄和籍贯后，厉声喝道："你当过什么官？老实讲！"

杜甫忙说："我是个穷苦的读书人，流亡的百姓，还未曾做官。"

叛军头目仔细打量杜甫一番，发现他的容貌看上去比四十五岁还要苍老，但神态举止却不像普通百姓，于是不由分说，把他和那些身份可疑的人一起押到长安，关到临时监狱里。仲秋的一个月夜，皓月当空，清光朗照，天地都沐浴在银光之中。这样的夜晚总是最能引起愁思，杜甫在狱中回忆这次陕北之行，想到尚在鄜州的妻儿，写下《月夜》一诗。他想象着这样的月光也一样铺洒在鄜州，妻子也像他一样倚窗望月，换位移情，倾诉离乱之痛，抒发思念之情。

不过，杜甫在长安没有受到严格的俘房处置，他只是一个未曾参战的小参军，因此也没有和长安的高官重臣一样被送到洛阳，逼使投降。加上他尽力伪装自己，才使叛军不注意到他，不久他被释放出狱，但不能离开长安。史书中称赞他"数尝寇乱，挺节无所污"。

十月，唐肃宗将他的朝廷迁至彭原（今甘肃省宁县），他急需有所作为，想尽快扭转战局。这时房琯任同中书门下平章事，位同丞相，主动请缨带兵收回长安。于是，唐肃宗派遣房琯率近十万人马收复两京。房琯是个读书人，恰如赵括只会纸上谈兵，他慷慨陈词而不懂排兵布阵。他把大军分成三路进攻，中路和北路四万大军在咸阳东陈陶的一片沼泽地中与叛军安守忠部交战，一天内几乎全军覆没，有三万多人血染陈陶，逃回去的仅有数千。两天后，房琯亲率的南路军又在青坂大败，副将杨希文、刘贵哲投降安禄山。

叛军凯旋长安，在长安市上痛饮高歌。杜甫听闻官军战败，大失所望，悲愤不已，写下一首《悲陈陶》：

> 孟冬十郡良家子，血作陈陶泽中水。
> 野旷天清无战声，四万义军同日死。
> 群胡归来血洗箭，仍唱胡歌饮都市。
> 都人回面向北啼，日夜更望官军至。

杜甫用纪实手法大书这场悲剧事件的时间、牺牲者的籍贯和身份。陈陶之战伤亡惨重，却给人一种重于泰山的感觉。"野旷天清无战声"，原野显得格外空旷寂寥，而于无声处可以感到长安在震颤，百姓抑制不住心底的悲伤，向着陈陶战场、向着唐肃宗行在所（天子巡行、临时驻跸的地方）、彭原方向啼哭，更加渴望官军早日收复长安。

同时，杜甫以忧国之心，从眼下的战局进行战略思考，写下五言古诗《塞芦子》：

> 五城何迢迢，迢迢隔河水。边兵尽东征，城内空荆杞。
> 思明割怀卫，秀岩西未已。回略大荒来，崤函盖虚尔。
> 延州秦北户，关防犹可倚。焉得一万人，疾驱塞芦子。
> 岐有薛大夫，旁制山贼起。近闻昆戎徒，为退三百里。
> 芦关扼两寇，深意实在此。谁能叫帝阍，胡行速如鬼。

杜甫虽然只是一个上任不久就开始逃亡的参军，但他对官军的一次次失利进行反思，认为固守关隘最关键。延州以北的芦子关是通向新朝廷所在地的咽喉。边兵都调去东征，那里防守空虚，万一叛军史思明与高岩秀乘人不备，向西攻入芦子关，就可以直捣朝廷核心。他苦心孤诣地为数百里远的芦子关担忧，为新朝廷的安危担忧，并提出筹边之策。杜甫在他的另一首《悲青坂》里还强调反攻要等待条件的成熟，"焉得附书与我军，忍待明年莫仓卒"，劝告官军切不要急躁冒进。杜甫密切注意长安以外敌我势力的消长，以及作战的形势。他觉得陈陶之战对改变战局没有决定性意义，因为叛军劳师伐远，必须速胜，如果陷入持久战，士气和人力、物力都将不济。而速胜唯一的办法是敌对两军进行大规模决战，如果官军弃关东征，就是上了叛军的当。可见，杜甫不只有忧国之心，还很有军事头脑。

冬天很快来临，长安的氛围变得更加凌厉肃杀。杜甫已经很久没有朝廷和家人的消息了。京城周围一带都由叛军严加守卫，因此杜甫几次努力后都没能脱身西行。他心中愁闷难解，于是作五律《对雪》：

> 战哭多新鬼，愁吟独老翁。
> 乱云低薄暮，急雪舞回风。
> 瓢弃尊无绿，炉存火似红。
> 数州消息断，愁坐正书空。

杜甫望着漫天飞舞的飘雪，感受着冷冽刺骨的寒意，在诗中流露出对国家和亲人的命运深切关怀而又无能为力的苦恼心情，他只能回到以前居住过的旅舍暂住。他打听到昔日的朋友和他投赠过的达官贵人也都四处逃散：韦见素、房琯随着唐玄宗投往西蜀，王维、郑虔、储光羲被掳到洛阳，哥舒翰、张垍被俘后投降。

至德二年（757年）正月，正如郭子仪所料，叛军发生内乱，安禄山被他的儿子安庆绪与严庄等人合谋杀死。安庆绪自立为帝，命史思明回守范阳，留蔡希德等继续围太原。叛军内乱使战局变得更为复杂而激烈，从年初开始的睢阳之战就是其中最惨烈的一例。

二月，唐肃宗从彭原南迁至凤翔（今陕西省凤翔县）。叛军得知唐肃宗已移驻凤翔，对长安戒备更加森严。已逃入蜀地的官员们留在长安的家属被一批批地杀戮，血流满街，婴儿都不能幸免。剩余的人藏在荆棘丛中，一旦被抓住，即使不被杀戮，也要被卖身作奴。许多长安宗室子弟为保命，甘愿乞请舍身为奴。杜甫目睹往日娇生惯养的王公贵族及其子孙们在安史叛军占领长安城后的凄惨遭遇，写了一首《哀王孙》：

> 长安城头头白乌，夜飞延秋门上呼。
> 又向人家啄大屋，屋底达官走避胡。
> 金鞭断折九马死，骨肉不得同驰驱。
> 腰下宝玦青珊瑚，可怜王孙泣路隅。
> 问之不肯道姓名，但道困苦乞为奴。
> 已经百日窜荆棘，身上无有完肌肤。
> 高帝子孙尽隆准，龙种自与常人殊。
> 豺狼在邑龙在野，王孙善保千金躯。
> 不敢长语临交衢，且为王孙立斯须。
> 昨夜东风吹血腥，东来橐驼满旧都。
> 朔方健儿好身手，昔何勇锐今何愚。

窃闻天子已传位，圣德北服南单于。

花门剺面请雪耻，慎勿出口他人狙。

哀哉王孙慎勿疏，五陵佳气无时无。

杜甫在诗中极言贵族王孙在战乱中颠沛流离，遭受种种苦楚，既寄予了深切同情，又含蓄地规劝统治者居安思危，不可一味贪图享乐，致使子孙无法遮顾，可悲可叹。但他在诗的末尾仍对大唐充满信心，叮咛王孙好自珍重，等待河山光复。

战乱已历经两个年头，明媚的春天又来到了。短短两春，长安就被叛军糟蹋得残破不堪，旧日的宫殿府邸，有的被焚烧，有的住满胡人，满目凄凉。杜甫感恸莫名，登高四望，郊野芳草萋萋，树木欣欣向荣。他触景生情，吟了一首非常沉痛的五言律诗《春望》：

国破山河在，城春草木深。

感时花溅泪，恨别鸟惊心。

烽火连三月，家书抵万金。

白头搔更短，浑欲不胜簪。

战火已经接连从前年秋燃烧到今年三月，家中妻儿音信全无、生死未卜，如果这时收到一封家信，真该值上万两黄金。身处沦陷区的杜甫目睹了长安城一片萧条零落的景象，无可奈何地抬手抓挠头上的白发，觉得白发越来越稀疏，已经快要插不上簪子了！可见杜甫忧国思家的情感至切至深。

新数中兴年

　　杜甫困居长安，从秋到冬，从冬到春，除去为国家忧愁外，自然也时常怀念他的家人。杜甫觉得，老是困在长安城里，只能浑浑噩噩过日子，总不是办法，就到处托人帮助自己脱身。这时，他的老朋友郑虔从洛阳逃回长安。重会于沦陷中的都城，二人悲喜交集，难免会感伤一番。郑虔支持杜甫出逃，建议他去云经寺找住持想想办法。

　　至德二年（757 年）四月，杜甫找到了云经寺的住持和尚赞公，请求帮助。赞公十分同情杜甫的遭遇，决定帮他安排出逃。数日后，赞公拿出一套僧服让杜甫穿上，扮为弟子。赞公带着他混出长安城金光门，再由预先派出的一个和尚为杜甫探明了前路叛军关卡情况，找到一条去凤翔的路。在他们的帮助下，杜甫终于脱身西行。

　　唐肃宗在陕西凤翔，离京都已经很近了。但杜甫一路躲躲藏藏，不仅要避开叛军盘查，还要四处乞讨食物充饥，历尽千辛万苦，约半个月后才到达凤翔。从长安出逃奔劳的杜甫虽然只有四十六岁，但早已满头白发，衣衫破烂不堪，像个老乞丐。杜甫麻鞋破衣拜见唐肃宗，让唐肃宗既惊讶又欣喜。五月十六日，唐肃宗派中书侍郎张镐传旨，任杜甫为左拾遗（八品上）。

这是一个没有实权却能与皇帝接触频繁的职位，可帮皇帝审视哪些旨意赦令不便于时、不合于理，还有举贤荐良、考察官员的责任。按照官场惯例，只要左拾遗顺从皇帝的话，自然少不了锦绣前程，甚至还有平步青云的机会。

八品小官实在不值得夸耀，杜甫俸禄微薄，甚至置办不起朝服，只穿着一领青袍，但他还是很高兴地写下五言古诗《述怀一首》：

> 去年潼关破，妻子隔绝久。今夏草木长，脱身得西走。
> 麻鞋见天子，衣袖露两肘。朝廷悯生还，亲故伤老丑。
> 涕泪授拾遗，流离主恩厚。柴门虽得去，未忍即开口。
> 寄书问三川，不知家在否。比闻同罹祸，杀戮到鸡狗。
> 山中漏茅屋，谁复依户牖。摧颓苍松根，地冷骨未朽。
> 几人全性命，尽室岂相偶。嵚岑猛虎场，郁结回我首。
> 自寄一封书，今已十月后。反畏消息来，寸心亦何有。
> 汉运初中兴，生平老耽酒。沉思欢会处，恐作穷独叟。

杜甫逃出长安后，因没有回家看望妻儿，而是直接来到凤翔，所以诗中除了叙说他觐见皇帝的狼狈情形及得官后的激动心情外，更多的是对家人的担忧和思念。战火纷飞的年月，有几个人能好好活着？全家团聚，简直就是做梦！但他还是幻想这一天能够到来。

接下来，杜甫开始回忆自己身陷长安和逃奔凤翔的情景，写下组诗《喜达行在所三首》。

其一

西忆岐阳信，无人遂却回。

眼穿当落日，心死著寒灰。

雾树行相引，连山望忽开。

所亲惊老瘦，辛苦贼中来。

其三

死去凭谁报？归来始自怜。

犹瞻太白雪，喜遇武功天。

影静千官里，心苏七校前。

今朝汉社稷，新数中兴年。

组诗第一首写他冒险逃归凤翔的目的、逃亡经过、急切心情、途中所见情景，以及到达凤翔后的喜悦；第三首回忆沿途脱险的经历，一直到了凤翔，他才有重见天日的感觉。现在杜甫身列朝廷中，才有安全的可能，亲自见到了国家的新气象，才知道复兴有望。

但杜甫没能认识到盛唐走向衰亡的根本原因不只是发生了"安史之乱"，事实上政治腐败、经济衰退已使盛唐的社会基础悄悄流逝。因此，杜甫"新数中兴年"的美好愿望必然落空。

杜甫虽然官职低微，但诚笃地坚持着自己的理想，向"致君尧舜上，再使风俗淳"的目标迈进。但是，唐肃宗并不是那种胸怀宽阔之人，且刚愎自用。正当他施展雷霆手段挽救战局，急需有所作为又大刀阔斧推行新政之时，很难听得进臣下的反面意见。杜甫刚上任就遇到"房琯事件"，他第一次给唐肃宗提意见就触怒了龙颜。

房琯是唐代读书人中的一个典型。他祖上世代为官，被唐肃宗授为宰相。他有工作热情，以天下为己任。但他同时又是一个善于慷慨陈词而不务实际的人，他崇尚虚名，好发议论，缺乏实际的政治、军事才干。朝中有另一派官僚，如贺兰进明、崔圆等，玩弄手段，一心争求个人利益，都和房琯结怨，经常在唐肃宗面前毁谤房琯。房琯虽有丞相之名，却难以施展手脚。因此，房琯常称病请假，不理政务，终日沉醉于谈论佛家的因果和道家的虚无。

房琯是唐肃宗一手提拔起来的，为了保住皇帝的威信和颜面，唐肃宗尽量给他立功的机会。房琯也想改变消极处境，所以在唐肃宗急于收复失地时，主动请缨，带兵收复长安。唐肃宗委以重任，让房琯率领官军主力收复两京。结果陈陶一战，房琯一败涂地，被叛军打得损伤惨重。本应论罪，再加上其政敌趁机诬陷他贪污腐败，欲将他置于死地。如何给房琯定罪，朝中一时争议很激烈。后来唐肃宗的高参李泌及中书侍郎张镐等人出面为房琯辩解，才使他免于重责，被贬为太子少师。

房琯喜好宾客，与杜甫、严武、贾至等有深交。作为朋友，杜甫很欣赏房琯的才学，觉得他是个醇儒。现在房琯有难，他理当挺身而出。杜甫与房琯志趣相投，互相欣赏，且性格也很相近，但他只看到房琯好的一面，而没有看到房琯不切实际的工作态度。同时，他又觉得那些攻击房琯的人行径尤为卑污，于是上书皇帝为房琯辩护，说房琯罪小功大，不应罢免。奏疏中言词凿凿，铿锵有力，唐肃宗一见奏疏就勃然大怒，怀疑他与房琯结为同党，下令查办杜甫，由韦陟、崔光远、颜真卿主审。经过一番审讯后，韦陟奏明唐肃宗，杜甫的言辞虽然狂妄激烈，但不失谏臣的体统。唐肃宗因此对韦陟也表示不满。幸有张镐好心搭救，才在六月初宣告杜甫无罪。

六月十二日，岑参来到凤翔觐王。杜甫刚躲过一劫，却"不长记性"，又与裴荐、孟昌浩、魏齐聃、韦少游联名推荐岑参为谏官。唐肃宗考虑岑参有比较丰富的官场经验，任命他为右补阙。

七八月间，凤翔一带叛军的间谍出没频繁，城中有不少官员被策反收买。侍御史吴郁在处理各种间谍案件时，对每个案件都认真剖析，定要查个水落石出，严惩不贷。有些皇亲国戚和朝中重臣为犯事者说情，吴郁不为所动，因此得罪了不少权贵，结果遭人诬陷被贬到长沙。杜甫虽知吴郁蒙冤，却因有"房琯事件"的前车之鉴，不敢替吴郁辩解。杜甫觉得自己这个拾遗官当得窝囊，心里非常自责。后来他路过吴郁的老家时，还在诗中慨叹"相看受狼狈，至死难塞责"。

杜甫原本理想崇高，政治气节坚定，勇于直谏，并在军事上有前瞻性的谋略，但短于对各类政治现象的综合把握，刻板而缺乏应变的能力与智慧，故而不到一个月就遭到唐肃宗冷遇。到了夏天，杜甫郁闷难舒，于是告假去鄜州看望家人。唐肃宗准了他的假，让他利用闲暇时间好好反思一下。

杜甫确实开始反思了。他反思官场政治，反思眼前这场战争，并更加关注民生疾苦。闰八月初，杜甫离开凤翔，前往鄜州。一路上阡陌纵横，秋意渐浓，天色空旷迷茫。他路过残破的玉华宫，触景生情，写下这首《玉华宫》：

溪回松风长，苍鼠窜古瓦。不知何王殿，遗构绝壁下。
阴房鬼火青，坏道哀湍泻。万籁真笙竽，秋色正萧洒。
美人为黄土，况乃粉黛假。当时侍金舆，故物独石马。
忧来借草坐，浩歌泪盈把。冉冉征途间，谁是长年者？

杜甫刚刚遭到政治上的打击，眼中的景物更显凄凉。旧宫一片荒芜，宫前桑树上鸱鸟哀鸣，草丛中野鼠四窜，一轮冷月照着战死士兵的尸骨。他难以承受这所见所感的忧伤，瘫坐在草地上，泪如雨下，时而高歌，时而痛哭。他为谁而哭呢？诗中因景及人，因人而国，将个人的忧伤与国家的命运紧紧联系起来，忧生而又忧世，使全诗的意义更为深广，从而产生出更加沉郁的思想力量。

战乱的摧残，令人感到生死无常，杜甫深刻地领悟到人生的艰辛，更体会到战争给无数百姓带来的深重灾难。他反思，在历史的漫漫长河中，一切功名皆如浮云，有谁能够让生命长存永驻呢？

杜甫离开鄜州羌村已有一年多了，由于兵荒马乱，几乎没有得到家人的确切消息。羌村的情况不明，传说纷纭，杜甫的心情十分焦虑。眼下，他归心似箭，即便徒步而行，没几天就赶到了羌村，终于平安与家人相聚。杜甫刚踏入家门，还没跟妻儿说上几句话，就写下一首六百多字的长诗《北征》。一方面，他很惭愧，自己还没有为朝廷效力，叛乱至今尚未平息，这使君臣深切愤恨担忧。另一方面，他又十分思念亲人，当初拜辞之时，感到恐惧难安；当见到妻儿安然无恙时，又高兴得好像忘了饥渴。家人的生活十分凄苦，但他觉得只要能与家人在一起，就是莫大的幸福。关于这一点，诗中写道：

经年至茅屋，妻子衣百结。恸哭松声回，悲泉共幽咽。
平生所娇儿，颜色白胜雪。见耶背面啼，垢腻脚不袜。
床前两小女，补绽才过膝。海图坼波涛，旧绣移曲折。
天吴及紫凤，颠倒在裋褐。老夫情怀恶，呕泄卧数日。
那无囊中帛，救汝寒凛栗。粉黛亦解苞，衾裯稍罗列。
瘦妻面复光，痴女头自栉。学母无不为，晓妆随手抹。
移时施朱铅，狼藉画眉阔。生还对童稚，似欲忘饥渴。
问事竞挽须，谁能即嗔喝。

这一段杜甫叙说家人的凄苦生活，而苦中有乐，流露出淡淡的的幸福感。他不仅把与妻儿团聚的悲喜交集的情景描写得形象生动，而且勾画出的人物也栩栩如生。杜甫无疑是一个富有爱心的父亲，诗句中有他对儿女的自豪、怜爱与玩笑，但舐犊之情显而易见，足以令人读之解颐。

回到鄜州羌村，杜甫有了更多深入了解民间疾苦的机会。在这里的所见所闻令他感慨万千，于是写下组诗《羌村》三首。

其一

峥嵘赤云西，日脚下平地。柴门鸟雀噪，归客千里至。
妻孥怪我在，惊定还拭泪。世乱遭飘荡，生还偶然遂。
邻人满墙头，感叹亦欷歔。夜阑更秉烛，相对如梦寐。

其二

晚岁迫偷生，还家少欢趣。娇儿不离膝，畏我复却去。
忆昔好追凉，故绕池边树。萧萧北风劲，抚事煎百虑。
赖知禾黍收，已觉糟床注。如今足斟酌，且用慰迟暮。

其三

群鸡正乱叫，客至鸡斗争。驱鸡上树木，始闻叩柴荆。
父老四五人，问我久远行。手中各有携，倾榼浊复清。
苦辞酒味薄，黍地无人耕。兵革既未息，儿童尽东征。
请为父老歌，艰难愧深情。歌罢仰天叹，四座泪纵横。

这组诗用写实手法从三个不同的角度摄取了这位杜拾遗回家省亲时的生活短镜头。通过与父老们的问答，客观真实地再现了"安史之乱"发生后的部分社会现实：世乱飘荡，兵革未息，普通百姓饥寒交迫、妻离子散、朝不保夕。正是因为杜甫仕途坎坷，他才有机会深入底层探知民间的疾苦；生命给了他无数个机会与可能，他可以是长安街头的赌徒、喧嚣酒肆里的酒鬼，甚或是深山野林的隐者，而他最终选择用饱经风霜的真心去触摸阴暗的现实生活，成为吟唱悲歌的诗人，将忧己与忧民、忧国相结合，哀思苦语，凄恻动人。

这年盛夏过后，唐肃宗加紧了对安史叛军总攻的准备与部署。九月，杜甫获知元帅广平王李俶统率官军及回纥、西域之众共十五万人进至长安城西，准备与叛军决战。他欣喜万分，作长韵《喜闻官军已临贼境二十韵》：

> 胡虏潜京县，官军拥贼壕。鼎鱼犹假息，穴蚁欲何逃。
>
> 帐殿罗玄冕，辕门照白袍。秦山当警跸，汉苑入旌旄。
>
> 路失羊肠险，云横雉尾高。五原空壁垒，八水散风涛。
>
> 今日看天意，游魂贷尔曹。乞降那更得，尚诈莫徒劳。
>
> 元帅归龙种，司空握豹韬。前军苏武节，左将吕虔刀。
>
> 兵气回飞鸟，威声没巨鳌。戈鋋开雪色，弓矢尚秋毫。
>
> 天步艰方尽，时和运更遭。谁云遗毒螫，已是沃腥臊。
>
> 睿想丹墀近，神行羽卫牢。花门腾绝漠，拓羯渡临洮。
>
> 此辈感恩至，羸俘何足操。锋先衣染血，骑突剑吹毛。
>
> 喜觉都城动，悲怜子女号。家家卖钗钏，只待献春醪。

广平王李俶是唐肃宗长子，任兵马元帅，郭子仪为副将。闰八月二十三日，唐肃宗犒赏三军，总攻长安、收复京师的战斗就此打响。官军与叛军将领安守忠等战于香积寺之北、沣水之东。这场血战一直从午时打到酉时，直到夜幕降临，双方伤亡惨重，敌军最后溃逃而去，战场上留下六万多具尸体。叛军退入长安，已失去了守城的信心，连夜潜逃。兵马元帅李俶认为这是官军平乱以来最畅快的一场胜仗，于九月二十八日向唐肃宗奏报已收复长安。杜甫好像目睹了将士征战和欢庆胜利的场景一样，以足够丰富的想象力描绘出动人的画卷。

十月初，唐肃宗授崔光远为京兆尹，同时下诏洒扫宫廷，奉迎太上皇回京。十月十八日，副元帅郭子仪所部在回纥兵配合下东进，收复洛阳，与叛军安庆绪所部在陕郡（今河南省三门峡市西）会战，官军大胜，一举克复洛阳。

两京收复后，唐肃宗于十月二十三日回銮长安，入居大明宫。杜甫在家闻诏，欣作《收京三首》：

> 仙仗离丹极，妖星照玉除。
> 须为下殿走，不可好楼居。
> 暂屈汾阳驾，聊飞燕将书。
> 依然七庙略，更与万方初。
>
> 生意甘衰白，天涯正寂寥。
> 忽闻哀痛诏，又下圣明朝。
> 羽翼怀商老，文思忆帝尧。
> 叨逢罪己日，沾洒望青霄。
>
> 汗马收宫阙，春城铲贼壕。
> 赏应歌杕杜，归及荐樱桃。
> 杂虏横戈数，功臣甲第高。
> 万方频送喜，无乃圣躬劳。

这组诗中，杜甫从陷京至收京追述往事，再言皇上回京，欣喜万象更新，大唐又将迎来新生机。

是年冬，官军在收复洛阳城后，又遣军攻占河内（今河南省沁阳市）等地，逼迫安庆绪的部将投降。陈留（今河南省开封市）军民房获敌将尹子奇归唐，张镐被授河南节度使，率兵收复河南、河东郡县。

唐肃宗忙于迎太上皇唐玄宗还都，未及时遣军追击安庆绪叛军残部。在陕郡之战后，安庆绪率一千三百余众从洛阳逃往邺城（今河南省安阳市）。

在凤翔省亲期间，杜甫写了几十首诗，有的是写他自己的心情，有的是写经过的地方，有的是与官场上朋友的应酬赠别而作，当然也有发自内心的真情实感之作，还有的是怀念亲友之作。直到十一月，杜甫才携家人离开鄜州羌村，返回长安。

三年笛里关山月

　　唐肃宗回长安后，处理的第一件重要政事便是对那些接受过安禄山父子伪职的官员进行甄审，该杀的杀，该流放的流放。中丞崔器将担任过伪职的文武官员押至含元殿，免除官服官帽，让他们赤足站在堂上待罪。杜甫的朋友郑虔、王维、张垍兄弟等都在待罪之列。由于这些官员的背景复杂，情节各有轻重，因此，至德二年（757 年）十二月朝廷义颁布具体惩罚条款，凡降贼官员以六等定罪。

　　据史书记载，在待罪者中，太上皇唐玄宗最痛恨张均、张垍兄弟，他们被定下死罪。唐肃宗跪求唐玄宗免除张均、张垍二人一死，唐玄宗愤怒地说："张均、张垍兄弟投降叛军，被委以要职。张均还在叛军面前诋毁我皇家事，罪不能赦。"唐肃宗叩头再拜，恳请说："若不是因为张说与张均、张垍父子的保护，儿臣就不会有今天。今日若不能救张垍、张均兄弟，儿臣将来有何面目在九泉之下与张说相见！"说罢，伏地痛哭流涕。唐玄宗命令左右的人把唐肃宗扶起，说："因为你的请求，张垍改为流放岭表，张均罪大，不可饶恕，莫要再为他求情了！"唐肃宗涕泣，只得服从唐玄宗的命令。

郑虔和王维一同被囚在宣阳坊。王维的哥哥王缙时任武部员外郎，全力营救弟弟。他替王维辩解说，在洛阳时，被安禄山拘于菩提寺中，曾作诗寓怀，诗中"万户伤心生野烟"几句正是对大唐的深切怀念。王维因此被赦免无罪。郑虔身陷洛阳时，被安禄山任命为水部郎中。他虽受官却托病没有就任，他还曾从洛阳呈密章至灵武，终以次三等论罪，贬为台州（今浙江省临海市）司户参军，主管民户、赋税等事务。

杜甫返回长安没几天就听闻此事，准备为老友送行，但郑虔走得太仓促，没有机会与杜甫告别。这对杜甫来说是一大憾事。这么多年的朋友，往日一起徜徉山水、饮酒高歌，如今广文先生年过花甲，却被贬至被李白称为溟海的偏僻之地，今生只怕再难相见。杜甫伤心不已，情难自禁，写下《送郑十八虔贬台州司户伤其临老陷贼之故阙为面别情见于诗》：

> 郑公樗散鬓成丝，酒后常称老画师。
> 万里伤心严谴日，百年垂死中兴时。
> 苍惶已就长途往，邂逅无端出饯迟。
> 便与先生应永诀，九重泉路尽交期。

"便与先生应永诀，九重泉路尽交期"一联显得格外沉重。

这一年年底，安庆绪在邺城重整旗鼓，不到十天，其部将蔡希德自上党（今山西省长治市）、田承嗣自颍川（今河南省许昌市）、武令珣自南阳（河南省邓州市）各率所部至邺城会合，连同安庆绪在河北诸郡招募的新兵，共约六万人。安庆绪担心史思明势盛盖主，

126

借故遣使至范阳调兵。史思明对安庆绪的用意一清二楚，囚禁了使者，率所部八万人马降唐，被授范阳节度使。

大唐帝国的形势颇为可喜，平叛捷报频传，杜甫闻讯喜不自禁，写下《洗兵马》一诗：

中兴诸将收山东，捷书夜报清昼同。河广传闻一苇过，胡危命在破竹中。祇残邺城不日得，独任朔方无限功。京师皆骑汗血马，回纥喂肉葡萄宫。已喜皇威清海岱，常思仙仗过崆峒。三年笛里关山月，万国兵前草木风。成王功大心转小，郭相谋深古来少。司徒清鉴悬明镜，尚书气与秋天杳。二三豪俊为时出，整顿乾坤济时了。东走无复忆鲈鱼，南飞觉有安巢鸟。青春复随冠冕入，紫禁正耐烟花绕。鹤驾通宵凤辇备，鸡鸣问寝龙楼晓。攀龙附凤势莫当，天下尽化为侯王。汝等岂知蒙帝力？时来不得夸身强。关中既留萧丞相，幕下复用张子房。张公一生江海客，身长九尺须眉苍。征起适遇风云会，扶颠始知筹策良。青袍白马更何有，后汉今周喜再昌。寸地尺天皆入贡，奇祥异瑞争来送。不知何国致白环，复道诸山得银瓮。隐士休歌紫芝曲，词人解撰河清颂。田家望望惜雨干，布谷处处催春种。淇上健儿归莫懒，城南思妇愁多梦。安得壮士挽天河，净洗甲兵长不用！

杜甫认为平叛胜利在即，所以此诗以歌颂战局神变起头，经中兴诸将浴血奋战，大片土地已经收复。诗中盛赞郭子仪的多谋善断、司徒李光弼的明察秋毫、尚书王思礼的高远气度，并通过赞扬朔方节度使郭子仪在平叛中的地位和功绩，希望朝廷信赖诸将，以奏光复无限之功；更希冀早日结束战乱，洗净兵甲永不复用，事实上这也正是饱经战乱之苦的广大人民的共同愿望。同时，杜甫也以暗喻的方式表达了对朝廷弊政的不满和反感，揭示一种政治弊端：朝廷赏爵太滥，许多投机者无功受禄，一时有"天下尽化为侯王"之虞。因此，此诗有鼓舞和警惕的双重功效。

这首颂诗，在杜甫的古体长诗中算是"另类"，与他的沉郁之风大相径庭，以洪亮的声调、壮丽的词句、浪漫夸张的语气，表达了极浓郁的喜悦和歌颂，是一首具有深刻社会内容的中兴颂歌。

同杜甫一样，文人们都在大写歌颂诗文。海内遍呈祥瑞，举国称贺。然而，人们的美好愿望很快就幻灭了，不仅他们希冀的战争胜利没有到来，而且朝中政治也在重蹈唐玄宗朝的覆辙。在朝中，奸相杨国忠虽然已死，但自鱼朝恩之后，唐肃宗开始信用宦官李辅国、程元振等操纵军政大权，宦官势力日益嚣张，朝廷并不安宁。

至德三年（758年）二月五日，唐肃宗临丹凤门，大赦天下，改至德三年为乾元元年。随后，以殿中监李辅国兼太仆卿，判元帅府行军司马。李辅国权倾朝野，渐渐把持朝政，排除异己。三月，唐肃宗立张淑妃为后。因唐肃宗对这位张皇后又爱又怕，以致她被立为国母后常干预朝政，几乎成为又一个杨贵妃。唐肃宗因为受制于张皇后，甚至不能去探望太上皇。

在这个新元的春天，杜甫在长安仍然担任左拾遗，过着比较闲散的生活。他有大把时间到长安周边故地重游。一天在韦曲东，正好经过郑虔的故居，只见人去园空，穷巷悄无声息，室内的案上还放着干死的、用来代替蜡烛的"读书萤"。杜甫不禁回想起二人旧日的交往与游迹，回想起"安史之乱"时两人同遭劫难。于是写下一首七律《题郑十八著作虔》：

> 台州地阔海冥冥，云水长和岛屿青。
> 乱后故人双别泪，春深逐客一浮萍。
> 酒酣懒舞谁相拽，诗罢能吟不复听。

第五桥东流恨水，皇陂岸北结愁亭。

贾生对鵩伤王傅，苏武看羊陷贼庭。

可念此翁怀直道，也沾新国用轻刑。

祢衡实恐遭江夏，方朔虚传是岁星。

穷巷悄然车马绝，案头干死读书萤。

这是杜甫写给老朋友的诗中极为少见的七言排律。吟咏此诗，会让人感到杜甫激昂慷慨、悲愤淋漓的怀友之情。正如诗人赵翼所言："国家不幸诗家幸，赋到沧桑句便工。"

这个春天，杜甫还与中书舍人贾至、太子中允王维、右补阙岑参等人一起作诗唱和。由贾至首唱，其他人和唱。杜甫的和诗为《奉和贾至舍人早朝大明宫》：

五夜漏声催晓箭，九重春色醉仙桃。

旌旗日暖龙蛇动，宫殿风微燕雀高。

朝罢香烟携满袖，诗成珠玉在挥毫。

欲知世掌丝纶美，池上于今有凤毛。

这是一首台阁应酬式的诗，杜甫先写早朝路上所见自然景观及气氛，以和贾至的原题；再写贾至备受君主恩宠，因为他才华非凡。全诗表现了大唐经历"安史之乱"、转危为安走向复兴的气象，细品之下，杜甫似乎还希望自己也能像贾至一样受到朝廷重用。

这年春天，杜甫写了不少应景、迎送之作，如《宣政殿退朝晚出左掖》《紫宸殿退朝早口号》《送贾阁老出汝州》《送翰林张司马南海勒碑》《奉赠王中允维》《得李校书二十六韵》等。这些虽然不失为佳作，但与其他名篇相比，则稍微逊色。其内容空泛，里边充满了应制诗、唱和诗一向惯用的辞藻，强装的笑意与杜甫沉郁的创作风格不甚和谐。

其实，此时杜甫的日子过得并不舒畅。因战火连年、自然灾害频发，大唐经济已处于崩溃边缘。京城官员薪俸都非常低，像杜甫这样的八品小官，薪俸更是少得可怜。

四月，杜甫陪唐肃宗祭祀九庙，五月端午，他又得到皇帝的赐衣。他将这些都看作是无上的光荣。他此时局促到将官马送还官家，便有十天之久不能去看望邻近的友人。他说，这既不是爱惜身体，也不是脚力太弱，只怕在街上徒步走路时遇见上司，遭到官长的申斥。

尽管如此，杜甫一刻也未曾忘国忧。战争还在继续，他哪有心思自顾消遣。他作《义鹘》一诗，表达自己的心志。

阴崖有苍鹰，养子黑柏颠。白蛇登其巢，吞噬恣朝餐。
雄飞远求食，雌者鸣辛酸。力强不可制，黄口无半存。
其父从西归，翻身入长烟。斯须领健鹘，痛愤寄所宣。
斗上捩孤影，嗷哮来九天。修鳞脱远枝，巨颡坼老拳。
高空得蹭蹬，短草辞蜿蜒。折尾能一掉，饱肠皆已穿。
生虽灭众雏，死亦垂千年。物情有报复，快意贵目前。
兹实鸷鸟最，急难心炯然。功成失所往，用舍何其贤。
近经潏水湄，此事樵夫传。飘萧觉素发，凛欲冲儒冠。
人生许与分，只在顾盼间。聊为义鹘行，用激壮士肝。

杜甫常借奇事以警世。此诗借写义鹘，申明禽鸟尚能做到仁慈义勇，何况他是一个胸怀大志的朝廷命官。这是一首别具一格的政治寓言诗。他并未将时代的一切置之度外，特别是他在皇帝身边不能履行谏官的职责，使得他在思想上非常矛盾，心中有说不出的苦闷。杜甫作为谏官不得不小心翼翼地"避人焚谏草""每愁悔吝作，如觉天地窄"，但作为忧国忧民的诗人，他又不得不袒露自己真实的胸怀，把同情之心给予千千万万的普通百姓。

随后，杜甫还写了一首《春宿左省》：

> 花隐掖垣暮，啾啾栖鸟过。
> 星临万户动，月傍九霄多。
> 不寝听金钥，因风想玉珂。
> 明朝有封事，数问夜如何。

这首诗写因为第二天早上他要向皇帝汇报，晚上失眠了。他竖着耳朵在听开门的钥匙声或马的铃铛声，还反复辗转等着天亮，写出了上封事前在宿省时那种急切的心情，表现了他居官勤勉、尽职尽忠、一心为国的精神。但是，唐肃宗并不是那种轻易被真情实意打动的圣明君主，他对杜甫的勤勉热忱视而不见。

初夏四月，河南节度使张镐在前线听说唐肃宗任命叛将史思明为范阳节度使，马上上书给唐肃宗说："思明凶险，乘乱而窃位，力强则其众附之，势去则人离散。又思明人而兽心，难以德服之，希望不要授以大权。"又说，"滑州防御使许叔冀狡诈多变，请征入宿卫，以防不测。"当时唐肃宗决意宠纳史思明。有宦官使者从范阳及滑州来，都说史思明与许叔冀忠诚可信，唐肃宗便以张镐不识时务为由，将他贬为荆州防御使，将礼部尚书崔光远封为河南节度使。

这两件事让杜甫清醒了，他终于认识到：在朝中办事，一切以皇上的意志为转移。而皇上的意志已经被张皇后、李辅国等少数人控制。

唐肃宗回到长安已数月，许多凤翔时代的官吏或多或少得到奖励，房琯也被命为金紫光禄大夫，并进封清河郡公。但是与丞相职位相比，金紫光禄大夫有名无实，房琯心中愤愤不平，却又不敢公开表露，只得以自己特有的方式加以对抗——更加频繁地借故不上朝，呼朋唤友，饮酒作乐。杜甫是他很亲密的好友，自然成为宴乐中的常客。两人还经常在一起议论朝中是非，为房琯鸣不平。唐肃宗得闻，对房琯非常不满，加之房琯的政敌贺兰进明等人乘机弹劾，唐肃宗便于六月将房琯贬为豳州（今陕西省彬县）刺史。杜甫自然也陷其中，被视为房琯同党，贬到华州（今陕西省华县）任司功参军（七品下），主管文教卫及民俗礼乐等。

虽然杜甫一片忠心，想为君王做些事，但从未得到机会。此后余生，他就在各处漂泊，再没能回到皇帝身边，就此望断长安功名路。

第六章

宦海失落　东奔西走无归处

　　因受牵连，杜甫被贬到华州任职。恶劣的环境无形中加重了他心中的愁苦。战事的蔓延使各地招募兵丁的次数越发频繁起来。此时的杜甫在目睹了百姓遭受的苦难后悲愤难抑，留下饱含血泪的千古诗篇。而对朝廷的失望，直接导致他后来的辞官流浪和落魄窘况。

晚来幽独恐伤神

乾元元年（758 年）六月下旬，四十七岁的杜甫怀着异常复杂的心情离开长安，前往华州赴任。他从金光门出城，回想起一年多前投奔唐肃宗行在所凤翔，也是从此门逃出，抚今追昔，觉得很有讽刺意味，便写下一首五言律诗《至德二载甫自京金光门出，间道归凤翔。乾元初，从左拾遗移华州掾，与亲故别，因出此门，有悲往事》：

> 此道昔归顺，西郊胡正繁。
> 至今残破胆，应有未招魂。
> 近得归京邑，移官岂至尊。
> 无才日衰老，驻马望千门。

杜甫说他失落的魂魄还没有全部招回，就被贬出京都，这是那些奸佞小人在捣鬼，并非唐肃宗的本意。他又责怪自己不争气，没有才干，且日渐衰老。他不能"从容陪笑语"地供奉皇帝，觉得自己是一个被遗弃的人。他以自嘲的方式，表达了心中对权宦的愤怒和对朝廷的眷恋。

出京之初，杜甫的心情还不算太糟糕。他想着华州离都城长安并不太远，只当是一次出游吧。他走到长安东郊，见到路边有一匹瘦马，仔细查看，发现是被兵士遗弃的战马，又联想到自己在战乱中的痛苦经历以及人世的困顿，感慨莫名，当即吟咏了一首《瘦马行》：

> 东郊瘦马使我伤，骨骼硉兀如堵墙。绊之欲动转欹侧，此岂有意仍腾骧？细看六印带官字，众道三军遗路旁。皮干剥落杂泥滓，毛暗萧条连雪霜。去岁奔波逐余寇，骅骝不惯不得将。士卒多骑内厩马，惆怅恐是病乘黄。当时历块误一蹶，委弃非汝能周防。见人惨淡若哀诉，失主错莫无晶光。天寒远放雁为伴，日暮不收乌啄疮。谁家且养愿终惠，更试明年春草长。

杜甫爱马，写过不少咏马诗。尤其是那些驰骋疆场的骏马，一直在他胸中奔腾。而诗中所写只是一匹被遗弃的瘦马，竟让他伤心不已。杜甫到底是在写马还是在写他自己呢？结合杜甫之前的遭遇，这匹遗弃的战马与他的身世多么相似，不难理解杜甫是以瘦马自喻，自伤贬官而作《瘦马行》。诗中还隐隐流露出悔意，期待"明年春草长"，感情复杂而深婉。或许他在想，到基层锻炼一段时间，朝廷还会重新召回他，却从未想过，这一离去就再也回不来了。

杜甫到华州时已是盛夏。他的办公之所条件艰苦，文书堆案，蝇蚊、蝎子侵扰不止，使人不能休息、难以忍受。

天气炎热，心情又郁闷，杜甫便想找个去处调适一下情绪。好在华州郑县官道旁有一条小溪，流水淙淙、清澈见底，溪水蓄成湖泊，湖周荷塘飘香、稻菱满畈，湖中波光山影、渔歌唱晚；溪边有座亭子，名"西溪亭"，亭下可赏景，可纳凉。杜甫来到这里，倚亭而望，吟诗道：

> 郑县亭子涧之滨，户牖凭高发兴新。
> 云断岳莲临大路，天晴宫柳暗长春。
> 巢边野雀群欺燕，花底山蜂远趁人。
> 更欲题诗满青竹，晚来幽独恐伤神。

这首《题郑县亭子》表面写景，实则寓意小人趋炎附势、君子孤独忧伤。

与喜爱游名山的李白相比，杜甫似乎更喜爱水。夏末，他已经走到太华山脚下，却望山而生畏，竟没有登临这座佛教名山。不过，他写下平生第二首《望岳》诗：

> 西岳峻嶒竦处尊，诸峰罗立似儿孙。
> 安得仙人九节杖，拄到玉女洗头盆。
> 车箱入谷无归路，箭栝通天有一门。
> 稍待秋风凉冷后，高寻白帝问真源。

诗中，杜甫提到他虽然极欲登山，却得不到"仙人九节杖"。他只得仰望之余，预计攀登之路。显而易见，杜甫的实际所指并不是登山，而是以华山之巅比白帝之居，更表现了他自感理想无法实现的失意彷徨，表达报国无门的无奈。他在望岳时盘算等待天气凉快后再来，也只是自我安慰而已。

夏去秋来，天气并没有凉快多少。杜甫的生活工作环境仍然没有得到改善，但他还是很努力地工作。他替华州刺史撰写了《为华州郭使君进灭残寇形势图状》上呈朝廷，又在《乾元元年华州试进士策问五首》里提出在变乱中赋税、交通、征役、币制等需要迫切解决的具体问题。他的努力并没有得到上司的认可及朝廷的回应。这让杜甫更感郁闷，他在《早秋苦热堆案相仍》一诗中写道：

> 七月六日苦炎蒸，对食暂餐还不能。
> 常愁夜来自足蝎，况乃秋后转多蝇。
> 束带发狂欲大叫，簿书何急来相仍。
> 南望青松架短壑，安得赤脚踏层冰。

这首七律多用拗语，打破了律诗的常规，故人们料定杜甫写这首诗的时候很焦躁，苦热以致难抑狂态。从这首纪实诗来看，他七月六日到任华州，早秋才写这首诗，描写的当是整个夏天他烦闷难过的窘相。有人评说他是因一身孤立，自伤幽独而作。而诗中所用拗语也当是有意为之，突破了律诗用韵局限。

熬过苦热的夏天，秋天来了，杜甫的孤独感反而更加强烈，不禁想起两位好友岑参和高适。岑参由右补阙转任起居舍人（六品上），杜甫离京时，不知何故，他没有给杜甫送行。高适已经官至扬州大都督府长史、淮南节度使，分别这么久也不曾写书信给杜甫。这让杜甫觉得自己不仅被皇上冷落，也被朋友遗忘了。他听说高适被调回京都任太子少詹事，掌管太后、太子家事，于是作《寄高三十五詹事》以寓其情：

> 安稳高詹事，兵戈久索居。
> 时来如宦达，岁晚莫情疏。
> 天上多鸿雁，池中足鲤鱼。
> 相看过半百，不寄一行书。

杜甫在诗中，表面上是责怪飞黄腾达的高适故意疏远他，责怪这位老朋友不给他写信，实际上主要是表达跟高适间的惺惺相惜之情，向老友倾诉自己的孤独之苦。

但孤苦之愁依然围绕着他，他便在秋色正浓时，出去四处游散心情。这个时期他脑海中萦绕着众位亲友的形象和他们的下落；同时他也不忘关心时事，关心军事形势，希望早日剿灭安史叛军。杜甫秋愁难遣，即景起兴，写下组诗《遣兴三首》：

> 下马古战场，四顾但茫然。
> 风悲浮云去，黄叶坠我前。
> 朽骨穴蝼蚁，又为蔓草缠。
> 故老行叹息，今人尚开边。
> 汉虏互胜负，封疆不常全。
> 安得廉耻将，三军同晏眠。
>
> 高秋登塞山，南望马邑州。
> 降虏东击胡，壮健尽不留。
> 穹庐莽牢落，上有行云愁。
> 老弱哭道路，愿闻甲兵休。
> 邺中事反复，死人积如丘。
> 诸将已茅土，载驱谁与谋。
>
> 丰年孰云迟，甘泽不在早。
> 耕田秋雨足，禾黍已映道。
> 春苗九月交，颜色同日老。
> 劝汝衡门士，忽悲尚枯槁。

时来展材力，先后无丑好。

但讶鹿皮翁，忘机对芳草。

组诗前两首写杜甫行经战场所见，讽喻边将邀功滋事，希望战争能早日结束。后一首表面言农事，晚秋庄稼丰收，实际上联想到贤士的晚遇，用以鼓励士人为理想而不懈努力，成就一番事业。可见，他内心深处尚存一线希望。

此时最能体现他对战事、国家命运深表关注的诗作是《观安西兵过赴关中待命二首》：

四镇富精锐，摧锋皆绝伦。

还闻献士卒，足以静风尘。

老马夜知道，苍鹰饥著人。

临危经久战，用急始如神。

奇兵不在众，万马救中原。

谈笑无河北，心肝奉至尊。

孤云随杀气，飞鸟避辕门。

竟日留欢乐，城池未觉喧。

"安史之乱"爆发后第二年，唐肃宗不顾后患，借兵于回纥，几年间造成了异族大军屯于关辅地区的严重局势。是年六月，李嗣业为怀州刺史，充当镇西北庭行营节度使。八月，郭子仪等率步骑二十万讨安庆绪。杜甫盛赞郭帅"临危经久战，用急始如神"。诗其二仍写官军奇兵制敌，可以谈笑而取之。但读罢全诗，会感到一股淡淡的惆怅。

秋凉后，杜甫闲来无事，便到朋友那儿喝喝酒，发泄一下心中苦闷。恰逢重阳佳节，杜甫去蓝田游玩，一位姓崔的大户人家邀请杜甫去他的庄园作客。秋高气爽，庄园景色宜人，杜甫受到热情招待，心情还不错，于是写下七律《九日蓝田崔氏庄》：

> 老去悲秋强自宽，兴来今日尽君欢。
> 羞将短发还吹帽，笑倩旁人为正冠。
> 蓝水远从千涧落，玉山高并两峰寒。
> 明年此会知谁健？醉把茱萸子细看。

杜甫用"孟嘉落帽"的典故，写自己老来悲秋的心境。以蓝田山水的峥嵘景象，把内心的悲凉和强颜欢笑的沉重心情淋漓尽致地表达出来。此诗以醉眼蒙眬看茱萸作结，以无声之语表达他对美好生活的期待。

进入冬季，杜甫的愁绪和思念依旧绵延不绝。他在组诗《至日遣兴，奉寄北省旧阁老、两院故人二首》中写道："何人错忆穷愁日，日日愁随一线长""孤城此日堪肠断，愁对寒云雪满山"，表现了他对旧事的追忆及对同僚的思念之情。可见，在华州的那些日子，孤苦愁闷是他生活的基调，他之所以忍受煎熬，是因为对重返京都还抱有一线希望。

这个冬天，杜甫大部分时间都花在访亲问友上。冬末，杜甫告假去了一趟东都洛阳。行至湖城县东遇到老朋友孟云卿，他们一起去刘颢家，饱餐一顿。杜甫酒酣饭饱之际，作了一首《湖城东遇孟云卿，复归刘颢宅宿宴饮散因为醉歌》：

疾风吹尘暗河县，行子隔手不相见。湖城城南一开眼，驻马偶识云卿面。向非刘颢为地主，懒回鞭辔成高宴。刘侯叹我携客来，置酒张灯促华馔。且将款曲终今夕，休语艰难尚酣战。照室红炉促曙光，萦窗素月垂文练。天开地裂长安陌，寒尽春生洛阳殿。岂知驱车复同轨，可惜刻漏随更箭。人生会合不可常，庭树鸡鸣泪如线。

诗中，杜甫详细叙述了忽逢孟云卿的惊诧情景和彼此悲喜交集的心情，倾诉了挚友间的至诚之情，畅叙人生何处不相逢的意外之喜。

在洛阳，杜甫听闻平叛战局又变得复杂起来。他所预想的官军速胜的局面没有到来。因此，他为战事担忧，写了一首《观兵》：

北庭送壮士，貔虎数尤多。

精锐旧无敌，边隅今若何。

妖氛拥白马，元帅待雕戈。

莫守邺城下，斩鲸辽海波。

是年九月，唐肃宗命郭子仪、李光弼、鲁炅、李嗣业等七个节度使，共领步骑二十万讨伐安庆绪，于十一月围邺城。但由于唐肃宗孱弱、爱猜忌，借口说郭子仪与李光弼皆是元勋，难相统属，所以不设置元帅，只以宦官鱼朝恩为观军容宣慰处置使，监统诸路军队。诸军不设统帅，以致战事久拖不下。去年史思明带领他的队伍投降了大唐朝廷，可不久又复叛，统兵十几万。此番安庆绪许以帝位请史思明派兵救助，形势不可谓不危急。

此诗是杜甫在邺城战斗尚未打响的时候所作。他看到声威赫赫的李嗣业所率北庭将士，既追慕他们的神勇，又为他们心忧。杜甫虽未对战局做出准确判断，但他认为围城不如直接去斩杀贼首。他的忧虑与义愤是深切感人的。

何乡为乐土，安敢尚盘桓

　　这年杜甫在河南巩义越冬。当春天来临时，一些坏消息也接踵而至。乾元二年（759 年）正月，史思明在魏州（今河北省大名县）称大圣燕王。他派兵十三万自范阳南下救邺城，先遣步骑一万人进驻滏阳（今河北省磁县），遥为声援。三月，郭子仪、李光弼、王思礼等九个节度使所率官军被安庆绪及史思明所增援的部队打得大败，郭子仪退守河阳。官军对邺城的围困被解除。

　　杜甫约在仲春时节从巩义经洛阳返回华州。不巧一场春雨断断续续下了十多日，因雨水过多，不少地方农作物被淹渍。杜甫也因雨而时不时滞留旅舍。这次在洛阳至华州的路途上，杜甫的诗歌创作大获丰收，也将唐诗推向又一个高峰。

　　自三月官军战败后，朝廷为了挽救败局，到处征兵。杜甫沿途所见情景非常凄惨，百姓因此遭受的痛苦使杜甫感同身受，悲愤难抑。待出了洛阳城，西行至新安县，杜甫见街道上官吏正在招募兵勇感到疑惑。新安只是一个小县，为何要招募那么多新兵？于是，他上前询问，面对一群哀号的人流泪站了很久，直到黄昏来临。他写下一首叙事诗记录了当时的情形。这就是杜甫的著名"三吏"之一《新安吏》：

客行新安道，喧呼闻点兵。借问新安吏：县小更无丁？
府帖昨夜下，次选中男行。中男绝短小，何以守王城？
肥男有母送，瘦男独伶俜。白水暮东流，青山犹哭声。
莫自使眼枯，收汝泪纵横。眼枯即见骨，天地终无情！
我军取相州，日夕望其平。岂意贼难料，归军星散营。
就粮近故垒，练卒依旧京。掘壕不到水，牧马役亦轻。
况乃王师顺，抚养甚分明。送行勿泣血，仆射如父兄。

杜甫围绕"点兵"一事，用老翁自诉自叹、慰人亦慰己的独白形式展开描写，深刻揭示兵役的繁重及战争给人民带来的巨大不幸和困苦，表达了他对饱受战祸摧残的老百姓的同情，以及对战争的憎恶。同时，展示出诗中人物时而沉重忧愤、时而旷达释然的复杂的心理状态：一方面杜甫同情人民所受的兵役之苦，另一方面，他又不能不关心国家的前途命运。而这种多变的情思基调，决定了此诗的形式结构与思想层次，使诗歌显得更严谨整饬，情节跌宕起伏。

过新安后，杜甫又根据他的所闻、所见、所历写成一首《垂老别》：

四郊未宁静，垂老不得安。子孙阵亡尽，焉用身独完。
投杖出门去，同行为辛酸。幸有牙齿存，所悲骨髓干。
男儿既介胄，长揖别上官。老妻卧路啼，岁暮衣裳单。
孰知是死别，且复伤其寒。此去必不归，还闻劝加餐。
土门壁甚坚，杏园度亦难。势异邺城下，纵死时犹宽。
人生有离合，岂择衰老端。忆昔少壮日，迟回竟长叹。

万国尽征戍，烽火被冈峦。积尸草木腥，流血川原丹。

何乡为乐土，安敢尚盘桓。弃绝蓬室居，塌然摧肺肝。

这一首是杜甫继《新婚别》后写的"三别"史诗的第二首，也是写征兵，只不过描写对象从"吏"移到了"民"。为了防止叛军重新向西进扰，朝廷在洛阳西至潼关一带到处征募兵丁，征募对象从壮丁到中男，再由中男到老翁，每户至少出一丁，无一户能幸免。杜甫以细腻的笔触描述出这样的凄惨画面：老翁原想瞒过老妻不辞而别，好省去无限伤心，谁知走了没有几步，迎面却传来老妻的悲啼声。他唯一的亲人已哭倒在大路旁，褴褛的单衫在寒风中瑟瑟抖动。这使老翁的心一下子紧缩起来。老翁上前搀扶老妻，为她的孤寒无靠吞声饮泣；老妻已是泪流满面，她明知老伴有去无回，但还在那里哑声叮咛："到了前方，你总要自己保重，努力加餐呀！"

杜甫立足现实生活，对所写对象进行精微剖析，把人物涕泪纵横、与亲人难舍难分的情状刻画得入木三分，直击人心，正如诗中"弃绝蓬室居，塌然摧肺肝"一句，准确传神地表现了特定时代的真实生活。

几天后，杜甫踏上陕州境内的石壕古道。这一带尽是穷乡僻壤。杜甫在这里看到的官吏抓丁又是另一番情景。这里的地方官吏不仅强行抓丁，而且态度非常恶劣，行为蛮悍、横暴，根本不听百姓诉怨，逼得百姓四处奔逃，不少人家空无一人。目睹了此情此景，悲愤之情从杜甫的笔端奔涌而出，他的《石壕吏》一诗写道：

暮投石壕村，有吏夜捉人。老翁逾墙走，老妇出门看。

吏呼一何怒，妇啼一何苦。听妇前致词，三男邺城戍。

一男附书至，二男新战死。存者且偷生，死者长已矣。

室中更无人，惟有乳下孙。有孙母未去，出入无完裙。

老妪力虽衰，请从吏夜归。急应河阳役，犹得备晨炊。

夜久语声绝，如闻泣幽咽。天明登前途，独与老翁别。

　　杜甫以投宿的人家作为叙述对象，把官吏"夜捉人"的情景描写得细致而生动。老翁逃了，官吏连老妇也不放过。杜甫形象地反映吏与妇的尖锐矛盾，让人如亲历其景。老妇主动请求从军，一方面说明百姓对平定叛乱是支持的，另一方面又说明他们已被逼到走投无路的境地。杜甫在此诗中，深刻揭露了官吏的残暴和兵役制度的黑暗，对"安史之乱"中百姓遭受的苦难深表同情。

　　杜甫一路上时刻关注战事的变化，心系国家和百姓。他不停地写诗，为国家的多灾多难叹息，为处于水深火热中的百姓鸣冤呐喊。直到他走到蒲州（今山西省永济市一带），才有了一次意外惊喜。杜甫遇上一位姓卫的少年知交。他乡遇故知，他们显得格外亲热，杜甫因而作《赠卫八处士》一诗：

人生不相见，动如参与商。今夕复何夕，共此灯烛光。

少壮能几时，鬓发各已苍。访旧半为鬼，惊呼热中肠。

焉知二十载，重上君子堂。昔别君未婚，儿女忽成行。

怡然敬父执，问我来何方。问答乃未已，驱儿罗酒浆。

夜雨剪春韭，新炊间黄粱。主称会面难，一举累十觞。

十觞亦不醉，感子故意长。明日隔山岳，世事两茫茫。

　　此诗从离别写到聚首，悲喜交集；再从生离谈到死别，透露了干戈乱离、人命危浅的现实；又写在青黄不接的时节与卫八处士重逢聚首，受到其家人的热情款待，表达了他对人情美和人性美的珍视；最后写重会又将别离之伤悲，荡气回肠。

夏初，杜甫行至潼关。漫漫潼关道上，无数士卒在辛勤地修筑工事。潼关是京都长安的门户，发生了许多战事，因而杜甫对这里特别关注。他在途中听说安庆绪的叛军在邺城打退官军后，正向洛阳逼近。而史思明也亲率他的主力南下，对东都形成夹击之势。如果洛阳再次沦陷，叛军必将西攻长安，那么作为长安和关中地区屏障的潼关势必遭遇一场恶战。杜甫经过这里时，刚好看到紧张的备战情形、战乱给百姓带来的无穷灾难和人民忍辱负重参军参战的爱国行为。这些都令杜甫感慨万千，于是他状写了不朽的史诗《潼关吏》：

> 士卒何草草，筑城潼关道。大城铁不如，小城万丈余。
> 借问潼关吏：修关还备胡？要我下马行，为我指山隅：
> 连云列战格，飞鸟不能逾。胡来但自守，岂复忧西都。
> 丈人视要处，窄狭容单车。艰难奋长戟，万古用一夫。
> 哀哉桃林战，百万化为鱼。请嘱防关将，慎勿学哥舒！

杜甫忧心忡忡，而那位潼关吏看起来对所筑工事充满了信心。也许是吸取了三年前的教训，也许是邺城溃败后形势紧张，如今的潼关今非昔比。杜甫放眼四望，沿着起伏山势而筑成的大小城墙高峻又牢固，显示出威武的雄姿。守关的官军给杜甫留下坚韧不拔、英勇沉着的印象，让他增添了些许信心。但当潼关吏向杜甫夸耀城防坚固时，杜甫还是语重心长地劝告他们务必吸取哥舒翰的教训，千万不要让三年前的悲剧重演。

过了潼关，杜甫发现这一带的灾情异常严重，不少人已往外地逃荒。在四月中旬，朝廷因为久旱，举行祈雨仪式。仍在洛阳作战的诸军乏食，人思自溃。干旱的天气、尚未平定的叛乱，令杜甫忧心如焚。

他感到将有更大的灾难降临，发出第一声悲叹——《夏日叹》：

> 夏日出东北，陵天经中街。朱光彻厚地，郁蒸何由开。
> 上苍久无雷，无乃号令乖。雨降不濡物，良田起黄埃。
> 飞鸟苦热死，池鱼涸其泥。万人尚流冗，举目唯蒿莱。
> 至今大河北，化作虎与豺。浩荡想幽蓟，王师安在哉。
> 对食不能餐，我心殊未谐。眇然贞观初，难与数子偕。

此诗详述旱灾和战乱造成的凄荒景象，并就天灾人祸表达了杜甫自己的感慨。他满心装着动荡的局势和苦难的人民，悲愤的心情令他冷静地反思现实："眇然贞观初，难与数子偕。"他将现实与"贞观之治"做比较，用意明显。唐肃宗不可能像太宗那样平定疆土、大治天下，唐肃宗身边的大臣们也无法与贞观年间的房玄龄、杜如晦等名臣相比。言外之意，如今的朝廷是令人失望的，他对唐肃宗和朝廷中把持大权的重臣们已失去了信心。

眼看要到华州了，他却感到无家可归。联想到战乱造成百姓妻离子散、家园破败，他写下"三别"史诗的第三首《无家别》：

> 寂寞天宝后，园庐但蒿藜。我里百余家，世乱各东西。
> 存者无消息，死者为尘泥。贱子因阵败，归来寻旧蹊。
> 久行见空巷，日瘦气惨凄。但对狐与狸，竖毛怒我啼。
> 四邻何所有，一二老寡妻。宿鸟恋本枝，安辞且穷栖。
> 方春独荷锄，日暮还灌畦。县吏知我至，召令习鼓鞞。
> 虽从本州役，内顾无所携。近行止一身，远去终转迷。
> 家乡既荡尽，远近理亦齐。永痛长病母，五年委沟溪。
> 生我不得力，终身两酸嘶。人生无家别，何以为烝黎。

杜甫借一位被征去当兵的独身汉，即"贱子"之口，倾诉了既无人为他送别又无人可以告别的悽凉之情。他在踏上征途之际，情不自禁地自言自语，仿佛是对老天爷诉说他无家可别的悲哀。"贱子"征战归来，看见自己的家乡面目全非，一片荒凉，于是抚今忆昔，诉说了家乡的变化和在乱世之中身世飘零的孤独与辛酸。

杜甫回到华州已是七月初，途中所见所闻还他在脑中回旋，安史乱国、官不恤民、基层役政黑暗和民众遭灾而哀痛无告，这一切无不让他忧痛，难以忘怀。夏夜纳凉时他又想起战乱，想起远离家乡的士卒，于是再次发出哀叹——《夏夜叹》：

永日不可暮，炎蒸毒我肠。安得万里风，飘摇吹我裳。
昊天出华月，茂林延疏光。仲夏苦夜短，开轩纳微凉。
虚明见纤毫，羽虫亦飞扬。物情无巨细，自适固其常。
念彼荷戈士，穷年守边疆。何由一洗濯，执热互相望。
竟夕击刁斗，喧声连万方。青紫虽被体，不如早还乡。
北城悲笳发，鹳鹤号且翔。况复烦促倦，激烈思时康。

关中大旱，灾民流离失所，局势动荡。杜甫静下心来细思，他所期盼的太平盛世只怕一时难以再现，而朝廷的种种决策与作为也令他不禁灰心，因此有了"青紫虽被体，不如早还乡"的念头。

罢官亦由人，何事拘形役

　　乾元二年（759 年）夏，饥荒开始向四周蔓延。杜甫一家在华州生活得很清苦，他低廉的薪俸已难以维系家人的生计。更让他忧心的是，残酷的现实与他"致君尧舜上，再使风俗淳"的政治理想愈行愈远。面对国难民苦，一个小小的地方官无法有所作为，只能将满腔忧愤倾注于诗句中。他突然觉得这个官不当也罢。

　　中唐时期的官制比较宽松，从入职到辞官往往只要权贵一句话。杜甫起了辞官的心思，但他即使不为自己的政治前程着想，也得为家人的生存考虑。没有了官俸，拿什么来养活妻儿？他首先想到的是回洛阳去，可他打听到洛阳那边还在打仗，郭子仪遭鱼朝恩诬陷被撤去官职，赋闲在家。叛军首领史思明南下，渡黄河攻陷汴州。李光弼放弃洛阳，退守北岸之河阳。看眼下情形，洛阳暂时回不去。他在脑海中搜索那些可以投靠的亲友的信息，最后决定去秦州（今甘肃省天水市一带）碰碰运气。

　　杜甫经过较长时间的痛苦挣扎，直到入秋才下定决心。在《立秋后题》一诗中，他表明了心迹。他写道：

> 日月不相饶，节序昨夜隔。
>
> 玄蝉无停号，秋燕已如客。
>
> 平生独往愿，惆怅年半百。
>
> 罢官亦由人，何事拘形役。

岁月不饶人，又已夏去秋来，杜甫觉得即使他像鸣蝉那样不停地嘶鸣也叫不了几天；政治理想的破灭让他感到恓惶，一时找不到安顿灵魂的精神家园。杜甫三年来流离转徙，目睹了战乱中百姓妻离子散、流离失所、饥寒交迫的悲惨生活，阅尽人间的疾苦与国家的不幸，如今他去意已决，就如秋燕南归，不再眷恋旧巢。好在辞官可随意，何必以心为形役，被形骸所拘束呢？

立秋后没几天，杜甫踏上往秦州的流亡路。杜甫及家人"依人远游"，一路向西，去寻觅安身立命之所。渡过渭水后西行，杜甫发现他所熟悉的地方现在竟是一片荒凉，内心激荡不安，写下《留花门》一诗：

> 花门天骄子，饱肉气勇决。高秋马肥健，挟矢射汉月。
>
> 自古以为患，诗人厌薄伐。修德使其来，羁縻固不绝。
>
> 胡为倾国至？出入暗金阙。中原有驱除，隐忍用此物。
>
> 公主歌黄鹄，君王指白日。连云屯左辅，百里见积雪。
>
> 长戟乌休飞，哀笳曙幽咽。田家最恐惧，麦倒桑枝折。
>
> 沙苑临清渭，泉香草丰洁。渡河不用船，千骑常撇烈。
>
> 胡尘逾太行，杂种抵京室。花门既须留，原野转萧瑟。

在平定"安史之乱"之初，官军屡屡受挫。为了迅速收复两京，唐肃宗竟与回纥约定"克城之日，土地士庶归唐，金帛子女皆归回纥"，公然同意回纥兵大肆抢掠。杜甫认为朝廷的这一权宜之计严重错误，曾在《北征》一诗中对于回纥兵骚扰人民的罪行深感愤怒。收复两京后，回纥太子提出让回纥兵继续留在沙苑，因有先约，唐肃宗只得同意。这一举造成了回纥等外族大军屯于关辅地区的严峻形势。杜甫对于这一后患深感不安，而《留花门》一诗就是专门为此而作，题为"留花门"，实则是说花门（回纥别名）不可留。

一个落魄的去职官员竟还在为都城的安危担忧，关注着国家前途和命运，这或许是杜甫的天性。

杜甫此次西行，没有进入长安城，而是从南郊越过。原因大致有两点：一是因为长安米贵，二是因长安是他的伤心地。经过曲江时，他又想起老友，作《有怀台州郑十八司户虔》：

> 天台隔三江，风浪无晨暮。郑公纵得归，老病不识路。
> 昔如水上鸥，今如罝中兔。性命由他人，悲辛但狂顾。
> 山鬼独一脚，蝮蛇长如树。呼号傍孤城，岁月谁与度。
> 从来御魑魅，多为才名误。夫子嵇阮流，更被时俗恶。
> 海隅微小吏，眼暗发垂素。黄帽映青袍，非供折腰具。
> 平生一杯酒，见我故人遇。相望无所成，乾坤莽回互。

好友郑虔已被贬为台州司户，与家乡远隔三江（长江、浙江、曹娥江）。等郑公回家的时候，只怕是老得连路都不认得了。杜甫怜其屈身一官，有家不能归。诗中写道："想象郑公孤危之状，如亲见，亦如身历。说到离别之伤，死生之痛，从肺腑交情流露出来，几于一字一泪。"

难过也罢，不舍也罢，杜甫还得继续前行。一路上他们风餐露宿。过扶风后，就要翻越大陇山（今六盘山）。关陇驿道，蜿蜒曲折，荒无人迹，时而断木横路，时而乱石当道，时而又浊流隔阻。路两边老树残枝，荒草萋萋。杜甫一家老小行走在曲折的山路上，不知道前路会出现怎样的情形，所以他"迟回度陇怯"，想了很久才决定翻山越岭。过大陇山后他们又西行数日，终于到达陇右道秦州东柯河口。这里便是杜甫举家西迁的目的地。

杜甫一家在东柯谷落下脚。东柯河口属于边陲比较热闹的重镇，杜甫最初是想投靠在这里定居的从侄杜佐。可是杜佐本身也不富裕，能给予杜甫的接济非常有限。在这里，杜甫也只能自力更生，常去山中采药、打猎。他在《秦州杂诗二十首》的第一首中写道：

> 满目悲生事，因人作远游。
> 迟回度陇怯，浩荡及关愁。
> 水落鱼龙夜，山空鸟鼠秋。
> 西征问烽火，心折此淹留。

既为"杂诗"，就像日常记事，多为随感而作。杜甫在秦州写的这组杂诗恰好可以看作是他在这里生活的片段，是他的所见、所闻、所感。他把边疆的危机、山川的形势以及城郭村落、风土人情，都收入这些雄健浑厚的诗篇中。第一首杂诗是写他来秦州的动机以及途经陇山的情景。

杜甫到秦州，正是吐蕃势力逼近洮州岷州之时。但此时这里还暂时保持着相对的平静，没有遭受兵火和灾荒，因此有许多人从中原越过陇山到这里避难。杜甫在长安认识的僧人赞公也在秦州西枝村开辟了几间窑洞，作为修行之所。他们相见后，赞公劝杜甫归隐，但被杜甫婉拒，可见此时的杜甫没有出世的打算，只求过安稳的生活。

杜甫把这次迁徙说成"因人作远游",所以他游览了周边许多地方。在城区及近郊看到的,除了街市里的胡马羌妇、朱门瘦民,就是"无风云出塞,不夜月临关"的秦州风光。

杂诗之二写道:

> 秦州山北寺,胜迹隗嚣宫。
> 苔藓山门古,丹青野殿空。
> 月明垂叶露,云逐渡溪风。
> 清渭无情极,愁时独向东。

杂诗之十三:

> 传道东柯谷,深藏数十家。
> 对门藤盖瓦,映竹水穿沙。
> 瘦地翻宜粟,阳坡可种瓜。
> 船人近相报,但恐失桃花。

杂诗之十六:

> 东柯好崖谷,不与众峰群。
> 落日邀双鸟,晴天养片云。
> 野人矜险绝,水竹会平分。
> 采药吾将老,儿童未遣闻。

东柯谷物产丰饶,山水幽雅,景色优美,气候宜人,杜甫从内心深处爱上了这片乐土,并有"采药吾将老"的打算。

在秦州的这段时间,杜甫游历古刹名寺,走亲串友,访谈作诗。

短短数月，就创作了几十首诗作。吐蕃对大唐西陲的蚕食在杜甫的诗里也留下不少痕迹。他在秦州听到的，时而是川原将要昏黑时的鼓角声，时而是薄暮中的羌笛音，时而是雨晴后从戍楼上发出的胡笳乐。而他看到的是降虏千帐，胡人跳着《白题斜舞》；在黄云白水间羌妇笑语，胡儿行歌。杜甫在杂诗之三中写道：

> 州图领同谷，驿道出流沙。
> 降虏兼千帐，居人有万家。
> 马骄珠汗落，胡舞白蹄斜。
> 年少临洮子，西来亦自夸。

吐蕃乘中原战乱，不断袭扰西部边陲，朝廷内忧外患，手忙脚乱。"城上胡笳奏，山边汉节归""警急烽常报，传闻檄屡飞""凤林戈未息，鱼海路常难"，这些诗句大多是对西陲边防的预警。在秦州期间，他还写了一首《月夜忆舍弟》：

> 戍鼓断人行，边秋一雁声。
> 露从今夜白，月是故乡明。
> 有弟皆分散，无家问死生。
> 寄书长不达，况乃未休兵。

杜甫耳目所及皆是一片凄凉景象。沉重单调的更鼓和天边孤雁的叫声不仅没有带来一丝生气，反而使本来就荒凉不堪的边塞变得更加冷落沉寂。此情此景令他愈加思念亲人。他与兄弟因战乱而离散，自己又流离失所，因此无法得到兄弟的任何音信。愁思中夹杂着生离死别的焦虑不安，也体现出颠沛流离中的杜甫更为国家而悲痛。

凄凉的秋色也让杜甫想起了老友李白。在来秦州前，杜甫就已得知李白被发配夜郎，给他写信想必收不到。但杜甫又无法停止对朋友的思念，于是就有了《梦李白二首》。

　　死别已吞声，生别常恻恻。江南瘴疠地，逐客无消息。
　　故人入我梦，明我长相忆。恐非平生魂，路远不可测。
　　魂来枫林青，魂返关塞黑。君今在罗网，何以有羽翼？
　　落月满屋梁，犹疑照颜色。水深波浪阔，无使蛟龙得。

　　浮云终日行，游子久不至。三夜频梦君，情亲见君意。
　　告归常局促，苦道来不易。江湖多风波，舟楫恐失坠。
　　出门搔白首，若负平生志。冠盖满京华，斯人独憔悴。
　　孰云网恢恢，将老身反累。千秋万岁名，寂寞身后事。

因秦州地方僻远，消息隔绝，流寓中的杜甫显然只听说了李白被流放，而不知已遇赦还家，仍在为李白忧虑，不时梦中思念。杜甫推己及人，抒写了自己对故人的一片衷肠。

期间，对高适、岑参、薛据、毕耀、贾至、严武等故人，杜甫也先后寄诗以表思念。在怀念老友的同时，杜甫也结识了一些新朋友。秦州才子阮昉便是其中之一。阮昉是阮籍后人，秦州第一名士。这一天，杜甫慕名前去拜访，他在镇子的富绅名流居住区打听阮昉的宅邸，有人却把他引到一条偏僻的小巷。在小巷的尽头，有一道很别致的柴门，杜甫推门朝里看，只见一条鹅卵石铺砌的小径弯弯曲曲通向深处，上面落满红黄相间的树叶。小径两旁是一畦菜地，长满了薤菜。小院内有几丛修竹、几棵桂树，黄绿相映，别有韵味。在木槿树下，有一张石桌和几方石凳。这便是阮昉的隐居之所。

杜甫与阮昉坐在石桌前交谈，二人一见如故，结为朋友。杜甫临走时，阮昉送了三十束薤菜给他。杜甫回到家里，马上作五言古体《贻阮隐居昉》以记其事：

> 陈留风俗衰，人物世不数。塞上得阮生，迥继先父祖。
> 贫知静者性，自益毛发古。车马入邻家，蓬蒿翳环堵。
> 清诗近道要，识子用心苦。寻我草径微，褰裳蹋寒雨。
> 更议居远村，避喧甘猛虎。足明箕颍客，荣贵如粪土。

杜甫描述了这位古稀隐士的形貌品性，盛赞他深得清静之道以及视金钱荣耀为粪土的虚无恬淡情怀。

这段时间，杜甫的诗歌依旧表现了社会动荡、政治黑暗、人民疾苦。他在《佳人》一诗中写道：

> 绝代有佳人，幽居在空谷。自云良家子，零落依草木。
> 关中昔丧乱，兄弟遭杀戮。官高何足论，不得收骨肉。
> 世情恶衰歇，万事随转烛。夫婿轻薄儿，新人美如玉。
> 合昏尚知时，鸳鸯不独宿。但见新人笑，那闻旧人哭。
> 在山泉水清，出山泉水浊。侍婢卖珠回，牵萝补茅屋。
> 摘花不插发，采柏动盈掬。天寒翠袖薄，日暮倚修竹。

这首诗写的是一个乱世佳人被丈夫遗弃后幽居空谷，艰难度日的不幸遭遇。杜甫称赞这位佳人刚毅坚强，在逆境中坚守她的高尚情操。全诗以客观的叙述方法，采用夹叙夹议和形象比喻等手法，绘声如泣如诉，绘影楚楚动人。诗中人物悲惨的命运与高尚的情操形成强烈的对比，既让人同情，又令人敬佩。

关心民众疾苦的杜甫此时靠负薪、采橡栗自给度日，生活非常艰苦，因身体过分衰弱，疟疾发作了。这是一种间时发作的疾病，每当发作时，他都觉得自己的肉体被掏空了，精气神也不复存在。不仅如此，他一家人的衣食也无法维持。他写信给从侄杜佐，请他送点米和薤菜来。

在杜甫生病的那些天，还有更坏的消息传来：吐蕃乘中原战乱之际，屡屡犯边，一次比一次猖獗，近期竟夺取了陇右道西的大部分地区。秦州又征兵去那里御敌戍边，尽管从军者中没有杜甫的亲友，但他还是非常担心和同情戍边的将士。他在《送人从军》一诗中写道：

> 弱水应无地，阳关已近天。
> 今君渡沙碛，累月断人烟。
> 好武宁论命，封侯不计年。
> 马寒防失道，雪没锦鞍鞯。

中原的战争是内乱，已让人触目惊心，而吐蕃是外敌入侵，戍边将士要远出阳关进入茫茫沙碛之地，艰难困苦无法想象。诗中，杜甫极言远行之苦，叮咛士兵们一路小心，不图建功封侯，只求活着回来。

阳关虽然离秦州很远，但秦州是陇右南道上的军事重镇，杜甫预感到此地将有大战发生，他不得不为全家人考虑。反正一无所有，搬家也简单。恰在此时，同谷（今甘肃省康县）县宰来信相邀，于是杜甫"无食问乐土，无衣思南州"。极度贫困和对战争的忧虑迫使他再次举家踏上流亡路。

临行时，杜甫摸摸自己的口袋，只剩下几文钱了。他把几枚钱币拿在手里看了再看，却不忍花掉。感叹过后，他怀着十分沉重的心情写下《空囊》诗：

翠柏苦犹食，明霞高可餐。

世人共鲁莽，吾道属艰难！

不爨井晨冻，无衣床夜寒。

囊空恐羞涩，留得一钱看。

缺衣少食、饥寒交迫的窘困中，他居然还有心情欣赏仅剩的几文铜钱，这正是杜甫式幽默，是他含泪的笑。

是年十月底，杜甫举家南迁，到同谷看看是否有安身之地。他认为同谷"栗亭名更佳，下有良田畴"，正是他要寻找的乐土。

同谷位于陇南山区，因两水同聚一谷而得名。这次苦旅，经赤谷、铁堂峡至盐官，再经塞峡到成县，他几乎是一步一叹。途经的每个地方，都回荡着他的悲叹声。《赤谷》《铁堂峡》《盐井》《寒峡》《法镜寺》《青阳峡》《石龛》《积草岭》《泥功山》《凤凰台》《万丈潭》……诗中的一字一句，都是他艰难地一步步丈量出来的。

从秦州往同谷，赤谷是必经之路，也是第一个险关。杜甫途中的第一叹便是《赤谷》：

天寒霜雪繁，游子有所之。岂但岁月暮，重来未有期。

晨发赤谷亭，险艰方自兹。乱石无改辙，我车已载脂。

山深苦多风，落日童稚饥。悄然村墟迥，烟火何由追。

贫病转零落，故乡不可思。常恐死道路，永为高人嗤。

杜甫是现实主义诗人，诗中所描写的景物多为写实，没有空幻的高与奇，只有实际的惊和险。他清晨出发，走在唯一的乱石路上，因天寒霜重，不一会儿车上就落满了厚厚一层霜雪，行人冷得瑟瑟发抖，饿得饥肠辘辘，远远望见有人家生火做饭的炊烟，却没法去讨得食物。这是一幅怎样凄惨的画面啊，确实令人读来心伤。

然而这仅仅是苦旅的开始。随后他要经过更危险的铁堂峡、寒峡。三国时期的诸葛亮六出祁山，最终败于此。仅《铁堂峡》诗中的第一句"山风吹游子，缥缈乘险绝"，就足以令人心生畏惧。一路的艰辛不必多言，但他仍心系民生疾苦。当他在盐官看到热闹繁忙的井盐生产场景，有感于盐民劳作之苦、盐价之高、百姓食盐之苦，写下《盐井》一诗。

杜甫所经这些地方属于天水、西和、礼县，过了积草岭才是同谷的地盘。石龛位于西和县与成县交界处，而积草岭则是徽县与成县的分界岭。杜甫进入成县后写的第一首诗当是这首《积草岭》：

> 连峰积长阴，白日递隐现。飕飕林响交，惨惨石状变。
> 山分积草岭，路异明水县。旅泊吾道穷，衰年岁时倦。
> 卜居尚百里，休驾投诸彦。邑有佳主人，情如已会面。
> 来书语绝妙，远客惊深眷。食蕨不愿余，茅茨眼中见。

杜甫途经积草岭，在离栗亭凤凰村五六里地时，登上一道梁子，南望峰峦叠嶂的白水峡，栗亭河一览无余。历尽千辛万苦，他终于进入成县地界，触景生情，不由得感叹一番。

过了两天，杜甫来到凤凰山麓。这里离城关约五公里，山麓有座庙名大云寺。飞龙峡谷中有个峭立的平顶山头，名为凤凰台，其美称为高台鸣凤。杜甫七八岁时就曾写过一首《咏凤凰》诗以言志，如今听说这里有座凤凰台，自然要前往一观。他来到谷中，仰望凤凰台，只见奇峰突起，空谷孤危，独视星汉，四周行云缥缈，玄幻如仙境。杜甫虽无法登临其顶，却遐思飘逸，吟咏了一首《凤凰台》。

杜甫尽情地展开想象：台上恐怕有失去双亲的凤雏，在严寒中饥渴难耐。他宁愿牺牲自己的生命，把心当作"竹实"、把血当作"醴泉"来饲养神鸟。一旦把它养大，它便会从天空中口衔瑞图，飞入长安，"图以奉至尊，凤以垂鸿猷"，这样就可以"再光中兴业，一洗苍生忧"了。这是一个多么崇高的比喻，杜甫甘愿用他的心和血来培养人才，但现今像周文王那样尊重人才的明君再也遇不到了。

杜甫满怀希望来到同谷，并没有见到他事前听说的"良田畴"。他对眼下的处境失望至极，又一筹莫展。在同谷住了大约一个月，日子实在难熬。他头发散乱，衣衫单薄，手脚都已冻坏，靠在雪地里捡拾橡栗、挖黄精活命；他的家人饿得奄奄一息，"男呻女吟四壁静"。在艰辛贫困的三十多个日夜，他高声吟咏出《乾元中寓居同谷县作歌七首》。这七首古体诗歌是杜甫在这里发出的最强烈的呼喊。

其一

有客有客字子美，白头乱发垂过耳。
岁拾橡栗随狙公，天寒日暮山谷里。
中原无书归不得，手脚冻皴皮肉死。
呜呼一歌兮歌已哀，悲风为我从天来。

其二

长镵长镵白木柄，我生托子以为命。
黄精无苗山雪盛，短衣数挽不掩胫。
此时与子空归来，男呻女吟四壁静。
呜呼二歌兮歌始放，邻里为我色惆怅。

160

其五

四山多风溪水急，寒雨飒飒枯树湿。

黄蒿古城云不开，白狐跳梁黄狐立。

我生何为在穷谷，中夜起坐万感集。

呜呼五歌兮歌正长，魂招不来归故乡。

其六

南有龙兮在山湫，古木巃嵸枝相樛。

木叶黄落龙正蛰，蝮蛇东来水上游。

我行怪此安敢出，拔剑欲斩且复休。

呜呼六歌兮歌思迟，溪壑为我回春姿。

这组诗是杜甫在同谷的生活写真。不难看出，这里并非乐土，甚至比秦州还要贫困十倍百倍。冬日大雪覆盖，田野里连一棵青苗也找不到，杜甫只得空着两手回来，儿女饿得啼哭不止。在荒城山湫间，白狐跳梁，蝮蛇出没。山里住有旧日相识的儒生，他和杜甫见面时只是怀念往日的生活，不能给杜甫提供任何实际帮助。从这七首诗里可知，他的三个弟弟杜颖、杜观、杜丰都远在东方，彼此不通消息。他的妹妹成为孀妇，兄妹十年不曾见面。杜甫详细描绘了流离颠沛的生涯，抒发老病穷愁的感喟，大有迟暮之感与凄凉沉郁、哀壮激烈之情，充满了"长歌当哭"的意味。

严酷的寒冬来临，杜甫在同谷待不下去了，决定继续南迁，从剑南蜀道入川，踩着唐玄宗曾走过的逃亡路去往他梦想中的天府之国。临行前，他作序诗《发同谷县》：

贤有不黔突，圣有不暖席。况我饥愚人，焉能尚安宅。

始来兹山中，休驾喜地僻。奈何迫物累，一岁四行役。

忡忡去绝境，杳杳更远适。停骖龙潭云，回首白崖石。
临岐别数子，握手泪再滴。交情无旧深，穷老多惨戚。
平生懒拙意，偶值栖遁迹。去住与愿违，仰惭林间翮。

因生活所迫，杜甫不得不在寒冬开启他"一岁四行役"的逃生之路。尽管情非所愿，前路生死难料，却只能不畏艰险、砥砺前行。

第七章

一腔君国　草堂屋破难遇春

杜甫携家带口翻涉蜀道，在惊叹大自然的鬼斧神工之际，以纪行诗笔记录下蜀道险峻奇异的景色。在成都，杜甫"众筹"盖起草堂，度过了一段少有的田园诗意时光。然而，一场疾风暴雨摧毁了这一切，再次跌回落魄动荡中的杜甫感世事艰难与苍生疾苦，发出"安得广厦千万间，大庇天下寒士俱欢颜"的悲号。

浮生有定分，饥饱岂可逃

乾元二年（759 年）十二月一日，杜甫拖家带口踏上“难于上青天”的蜀道，向那片乐土进发。这次行役要攀木皮岭，过白沙渡、水会渡，爬飞仙阁，越五盘岭，跨龙门阁、石柜阁，渡桔柏渡，走剑门，翻鹿头山，这是一条令无数游人望而生畏的艰险古道，无数骚人墨客咏叹过它的险峻奇异。

木皮岭山势高峻，为蜀门要冲，杜甫的入蜀纪行诗也从这里起笔。他写道：

> 首路栗亭西，尚想凤皇村。季冬携童稚，辛苦赴蜀门。
> 南登木皮岭，艰险不易论。汗流被我体，祁寒为之暄。
> 远岫争辅佐，千岩自崩奔。始知五岳外，别有他山尊。
> 仰干塞大明，俯入裂厚坤。再闻虎豹斗，屡跼风水昏。
> 高有废阁道，摧折如短辕。下有冬青林，石上走长根。
> 西崖特秀发，焕若灵芝繁。润聚金碧气，清无沙土痕。
> 忆观昆仑图，目击悬圃存。对此欲何适，默伤垂老魂。

杜甫在这首《木皮岭》中把木皮岭描写得气盖五岳、雄壮无比，虽是白描，却不失细腻，形象生动。

入蜀虽不是杜甫所愿，但此时他的心情似乎好转很多，诗中少了由秦州入同谷的悲叹，忧伤之中透露出希望和自信，沉郁之色更为浓烈。

杜甫行色匆匆，遇见再美丽的景致也无法尽情欣赏，但哪怕只是匆匆一瞥，他也用心感触。经过黄金峡谷重镇渭门白沙渡，他心情愉悦，写下《白沙渡》一诗：

> 畏途随长江，渡口下绝岸。差池上舟楫，杳窱入云汉。
> 天寒荒野外，日暮中流半。我马向北嘶，山猿饮相唤。
> 水清石礧礧，沙白滩漫漫。迥然洗愁辛，多病一疏散。
> 高壁抵嶔崟，洪涛越凌乱。临风独回首，揽辔复三叹。

此诗随着时间的推移和观察点的移动而展开画面：水清沙白滩漫漫，鼓棹中流；日暮，马鸣猿啸。杜甫置身大自然中，对境爽心，顿觉愁洗而病散，怡然之情满溢而出。即便"临风独回首，揽辔复三叹"，也毫无悲戚之色。

这次行役，因时值寒冬，昼短夜长，一路上杜甫有时候不得不披星戴月、日夜兼程。到达广元昭化古城外的水会渡时，黑夜无星月之光，崖倾路滑，他尚未从攀爬峭岩中喘过气来，一条波浪汹涌、惊涛拍岸的大江又横在他面前。杜甫有感于山重水复、道路多艰，作《水会渡》一诗：

> 山行有常程，中夜尚未安。微月没已久，崖倾路何难。
> 大江动我前，汹若溟渤宽。篙师暗理楫，歌笑轻波澜。

霜浓木石滑，风急手足寒。入舟已千忧，陟巇仍万盘。

迥眺积水外，始知众星乾。远游令人瘦，衰疾惭加餐。

这里的"大江"是指长江上游的嘉陵江，水会渡是去往古驿道的重要津渡。杜甫一家老小没赶到可休息的地方，只得连夜过江。他很为夜渡担心，但船家却嬉声笑语，只当平常事。过了江，天已降霜，草木山石是那样湿滑，寒风阵阵吹来，岸上的人们手脚冰凉。杜甫战战兢兢盘旋而上，回头再看江面上的天空，才发现满天星斗原来那么干爽。如此野旷的环境让他不禁感叹，长途跋涉后的他变得如此瘦弱胆小，真该多吃点东西壮壮胆气。

渡过大江后，再沿江岸狭窄小道就来到古栈道的第一关——飞仙阁。这段栈道建在江峡绝壁上，是古人在无路可走的情况下开凿出来的，诸葛亮任蜀相时，又凿石驾空辟为飞梁阁道。要过栈道了，杜甫特意叮嘱妻子家人要小心，并作一首《飞仙阁》：

土门山行窄，微径缘秋毫。栈云栏干峻，梯石结构牢。

万壑敧疏林，积阴带奔涛。寒日外淡泊，长风中怒号。

歇鞍在地底，始觉所历高。往来杂坐卧，人马同疲劳。

浮生有定分，饥饱岂可逃。叹息谓妻子，我何随汝曹。

杜甫在纪行诗中写景时很少描绘雷同的完整画面，多是抓住一处景物的特点随物肖形。飞仙阁相传为青城道士徐佐卿的化鹤之地。仙鹤直上九霄，西飞昆仑，东及蓬莱。万里之遥，振翅可达。此诗并没有借用这一典故，而是用寥寥数笔将飞仙阁微径、入云、疏林、寒日、积阴、风涛这些特色刻画出来，让人感受到飞仙阁奇险中似有一股肃杀之气。身处此境，解鞍坐卧，人马俱疲，杜甫引发感叹：人生命运天注定，个人的努力只不过是尽人事罢了。不难看出，写作此诗的杜甫是惆怅、无奈的。

　　刚爬过飞仙阁，五盘岭又横盘在眼前。杜甫一家踯躅至此，停留了一天。五盘岭位于梁州与利州（今四川省广元市）交界处，因栈道盘曲有五重，故名。这里是蜀道的北端、有"西秦第一关"之称的五盘关（今称作七盘关）。杜甫有所犹豫，一是遇到一场冬雨，行路更艰险，若再过多重关口，恐怕一家人吃不消；二是这一带有山有水，且山民敦厚淳朴，可考虑在此暂居，不一定要马上去成都。杜甫在盘山栈道上踽踽而行，放眼四望，只见群山苍翠，道路曲折，雨后山涧溪水潺潺。置身如此优美的景色中，杜甫的心情开朗起来，他心神舒畅而作《五盘》诗：

> 五盘虽云险，山色佳有余。仰凌栈道细，俯映江木疏。
> 地僻无网罟，水清反多鱼。好鸟不妄飞，野人半巢居。
> 喜见淳朴俗，坦然心神舒。东郊尚格斗，巨猾何时除。
> 故乡有弟妹，流落随丘墟。成都万事好，岂若归吾庐。

　　杜甫在俯仰之间已将五盘特色凸现，又有鱼戏浅底，鸟栖静林，动静结合，使五盘岭鲜活起来，富有生机。与中原战火纷飞、兵戈血刃的混乱状况相较，五盘岭算得上是一片世外桃源。杜甫觉得这里是个平静的安身居家之地，在"行行重行行"的羁旅生涯中，总算获得了一点心理安慰。他盼望叛贼尽快被剿灭，安稳的日子早点到来。可这毕竟只是个愿望，他转念想到流离失所的亲人，高兴过后又生出一阵忧愁。尽管这儿"山色佳有余"，又怎能比得上烽烟消散后返回自己的家乡呢！杜甫的纪行诗之所以与众不同，正是他在叙事写景之余，赋予更多情感和深刻的思想内容。

十二月中旬，杜甫行至绵谷县东北的朝天镇（唐玄宗逃往蜀地避难时，地方官员在此接驾），这里属蜀道主干线金牛道的一段，龙门阁就建在这里。在陡立的石壁上架着木梁，"天梯石栈相钩连"，是阁道中最险的一段。杜甫写下《龙门阁》一诗：

清江下龙门，绝壁无尺土。长风驾高浪，浩浩自太古。
危途中萦盘，仰望垂线缕。滑石敧谁凿，浮梁袅相拄。
目眩陨杂花，头风吹过雨。百年不敢料，一坠那得取。
饱闻经瞿塘，足见度大庾。终身历艰险，恐惧从此数。

此诗中，杜甫抓住龙门阁石壁斗立、虚凿石巧的特点，借助阁旁的长风、绝壁与阁下的清江、涛浪来衬托其惊心动魄的险势，将其全貌归结为一句"危途中萦盘，仰望垂线缕"，随后慨叹道："终身历艰险，恐惧从此数。"他把此阁作为险途的开始。

的确，一旦踏上直通成都的金牛古道，就再也没有回头路了，杜甫只能直奔成都。跨过了龙门阁，杜甫一家又奔石柜阁，"季冬日已长，山晚半天赤。蜀道多早花，江间饶奇石。石柜曾波上，临虚荡高壁。清晖回群鸥，暝色带远客"。杜甫在《石柜阁》中摄取的景色与他急迫的心情相契合。

紧接着，他们又一鼓作气抢过桔柏渡。杜甫在《桔柏渡》中写道：

青冥寒江渡，驾竹为长桥。竿湿烟漠漠，江永风萧萧。
连笮动袅娜，征衣飒飘摇。急流鸨鹢散，绝岸鼋鼍骄。
西辕自兹异，东逝不可要。高通荆门路，阔会沧海潮。
孤光隐顾眄，游子怅寂寥。无以洗心胸，前登但山椒。

桔柏渡是桔柏江（嘉陵江的一段支流）上昭化古城下的一个渡口，处于嘉陵江、白龙江与清水江交汇处，过此渡后就可进入古城。桔柏渡回清倒影，江月晓雾，平滩开阔，风景宜人，既是商旅要塞，又是军事重镇。杜甫从眼下冒着严寒渡江的情景联想到遥远年代的战争，心中五味杂陈。

　　过了此渡口，直入古城再向西行便是蜀道上最重要的一关——剑门关。其山削壁中断，两崖相嵌，如门之辟，如剑之植。在雄关漫道中，最为奇险、雄壮的剑门本值得浓墨重彩地渲染一番，可杜甫却只是轻描淡写。他在《剑门》中写道：

> 惟天有设险，剑门天下壮。连山抱西南，石角皆北向。
> 两崖崇墉倚，刻画城郭状。一夫怒临关，百万未可傍。
> 珠玉走中原，岷峨气凄怆。三皇五帝前，鸡犬各相放。
> 后王尚柔远，职贡道已丧。至今英雄人，高视见霸王。
> 并吞与割据，极力不相让。吾将罪真宰，意欲铲叠嶂。
> 恐此复偶然，临风默惆怅。

　　剑门关是蜀道的核心险段。此诗用三言两语刻画剑门之地势："连山抱西南，石角皆北向。两崖崇墉倚，刻画城郭状。"运用拟人写法，将所见之景略作点染，甚为高明。其余各句则是杜甫的感想和议论，与《凤凰台》一诗有异曲同工之妙。他选取的透视角度高远而深邃，进而意识到剑南之地易被军阀负险自固、割据称雄，表达了对国家前途的深深忧虑。在这一瞬间，杜甫将个人命运的艰辛坎坷、荣辱得失全都抛诸脑后，取而代之的是掷地有声、如洪钟大吕般的诗句，表达了欲将"罪真宰"而"铲叠嶂"，使国家统一、天下太平的强烈愿望。

剑门至成都还要经过梓潼、绵阳、德阳，不过蜀道西段大部分路段相对平坦。往天府之国的最后一道险关是鹿头山。这是位于德阳县（今德阳市）北的一座不太高的山头，却十分俊逸，也有"连山西南断，俯见千里谽"之险。翻过了鹿头山关口，成都便遥遥在望，杜甫非常兴奋，喜作《鹿头山》一诗。"及兹险阻尽，始喜原野阔"，俯头四望，"沃野千里，葱郁之气，乃若烟霞霭然"。

杜甫一路穷苦奔逃。在漫漫无期、遥遥无际的颠沛流离中，他以这组纪行诗刻画出一条独特的人生曲线。或许他自己都没有意识到，当他悲情地走向川蜀的山水，将个人情感与自然的奇异景物融为一体时，便把纪行诗提升到一个前所未有的高度，从而大大拓展了纪行诗的题材内容，深化了纪行诗的意境，从而使纪行诗具有更广阔的审美视野和文学艺术价值。

杜甫的这组纪行诗，以《成都府》作结。在岁暮一个雨雪初霁的黄昏，他到达此次行役的终点成都。富庶热闹的天府之国让他有归乡之感，而遥望夜空，又愁思怅惘，他将喜忧参半的感情融入诗中，写道：

> 翳翳桑榆日，照我征衣裳。我行山川异，忽在天一方。
> 但逢新人民，未卜见故乡。大江东流去，游子日月长。
> 曾城填华屋，季冬树木苍。喧然名都会，吹箫间笙簧。
> 信美无与适，侧身望川梁。鸟雀夜各归，中原杳茫茫。
> 初月出不高，众星尚争光。自古有羁旅，我何苦哀伤。

杜甫将此次行役比作人生的一次征途，他时而自信地与命运抗争，并希望国家、人民有美好前景；时而又相信"浮生有定分"，心态变得平和而安于天命。在千辛万苦的跋涉之后，杜甫获得了迥然不同的人生体验和心灵感悟。《成都府》一诗虽没有惊人之语、奇异之笔，只是将他的所见所闻、所感所想迤逦写出，却在舒缓平和的字里行间蕴含了深沉的情思，展示出丰富复杂的内心世界，是那样隽永而耐人寻味。

卜宅从兹老，为农去国赊

唐肃宗上元元年（760年）早春的一天，在成都西郊浣花溪畔，一位身材瘦长、皮肤黝黑、面容清癯的老人迈着沉重的脚步，行走在泥泞起伏的小径上。他就是自称为"野老"的杜甫。

初到成都，这位野老没有房屋居住，他和家人只得暂时借宿于浣花溪畔的一座寺庙里。到了春暖花开的时节，杜甫便开始筹备建房。可是，他身无分文，连饭都吃不上，怎么能建房呢？他只得四处向朋友寻求帮助。

裴冕时任成都尹兼剑南道西川节度使。他是杜甫妹夫家族中的一位长辈。杜甫《鹿头山》一诗中的后几句就是恭维这位成都尹的。不过裴冕并没有向杜甫伸出援手，因为杜甫和他没有直接的交谊，而且在政治上，他与房琯一派互为敌党，而房琯与杜甫素来交厚。

杜甫的老友高适时任彭州刺史，听说杜甫流落到成都，马上寄诗来表示问候，有没有送银钱来不得而知，但对杜甫来说至少在精神上是很大的鼓励。因为杜甫当官时极少收到高适的书信，现在辞官流亡，他却第一个表示关心，不愧为真朋友。

老友严武时任绵州刺史，治所在巴西县，离成都有二百多里。他给杜甫提供了较多的资金和生活上的帮助。不过，杜甫到成都后没多久，严武晋升为东川节度使，治所在梓州，与成都之间的交通没有绵州方便，因而给杜甫的帮助变得有限。不久后，他又被调回了京师。

杜甫在离寺庙约三里的浣花溪畔觅得一块荒地，刈除茅草后辟出约一亩大的地基，规划在此建房修院。因无资金，他到处"拉赞助"，并为此写了不少叙事抒情诗，如《王十五司马弟出郭相访遗营草堂赀》《从韦二明府续处觅绵竹》《萧八明府实处觅桃栽》《凭何十一少府邑桤木栽》《凭韦少府班觅松树子栽》《又与韦处乞大邑瓷碗》《诣徐卿觅果栽》等。他的表弟来看他，并给他搭建草堂提供了大部分资金。他又从韦续那儿讨来了绵竹，从何雍那儿找来了桤木栽，从韦班那儿找来了松树子栽，从萧实那儿找来了桃栽，甚至还从韦班那儿讨来了大邑瓷碗。

大家都热心帮助杜甫建房子，他如沐春风，心花怒放，兴奋写下《卜居》一诗：

> 浣花流水水西头，主人为卜林塘幽。
> 已知出郭少尘事，更有澄江销客愁。
> 无数蜻蜓齐上下，一双鸂鶒对沉浮。
> 东行万里堪乘兴，须向山阴上小舟。

这个春天对杜甫来说是非常美好的，新居即将完工，他喜不自禁。浣花溪碧水蜿蜒曲折，绕着草堂潺潺流过，花草树木郁郁葱葱，环境清幽，令人沉醉。澄澈的溪水可以洗涤远客的忧愁，原来诗中沉痛悲哀的心情已了无痕迹，他神采飞扬地憧憬着避俗野居的乐趣。这种居家之乐在他入蜀后的许多诗作中都有体现。

大约在初夏，茅屋（或称草堂）落成，飘零多年的杜甫终于有了一处安身之所，他把朋友们的帮助和情谊都一一写进诗里。他在《堂成》一诗中写道：

> 背郭堂成荫白茅，缘江路熟俯青郊。
>
> 桤林碍日吟风叶，笼竹和烟滴露梢。
>
> 暂止飞乌将数子，频来语燕定新巢。
>
> 旁人错比扬雄宅，懒惰无心作解嘲。

朋友所送之物都为他的卜居增添了色彩，茅庐建得比扬雄宅还好，但他自认为从未动过模仿别人的心思。其话里也隐含着他赋诗作文从不模仿他人，而是自成一体。从此，这座简朴的茅屋便成为中国文学史上的一块圣地。

在饱经战乱之苦后，杜甫一家暂时得到了安宁，妻子儿女同聚一处，重新获享天伦之乐。在新茅庐，一家人迎来一个舒畅的夏天，杜甫的心情确实好起来了，虽然与家人过着粗茶淡饭的乡间生活，但他特别珍惜和享受这段安定的时光。他在《江村》一诗中写道：

> 清江一曲抱村流，长夏江村事事幽。
>
> 自去自来堂上燕，相亲相近水中鸥。
>
> 老妻画纸为棋局，稚子敲针作钓钩。
>
> 但有故人供禄米①，微躯此外更何求？

---

① 有版本作"多病所须唯药物"一句。

夏天，杜甫静坐在成都浣花溪的草堂里，惬意地看老妻在纸上画棋局，耳边响起幼子敲针做钓钩的叮咚声，眼前有燕子自在来去、水潭中伫立的鸥鸟嬉戏做伴。此刻，能手握幸福的他对命运已经再无奢求。此诗充满了乡野趣味，较之他往昔的宴饮游乐之作，明显要清新轻快得多。如果以前表现出的是苦中作乐的乐观主义精神，那么这个阶段的诗作则表现出温馨恬静之美，透露出难得的闲适之气。

再读杜甫初夏写的《梅雨》一诗，泥土气息也很浓郁。他写道：

> 南京犀浦道，四月熟黄梅。
> 湛湛长江去，冥冥细雨来。
> 茅茨疏易湿，云雾密难开。
> 竟日蛟龙喜，盘涡与岸回。

此诗描写梅雨时节的情景。细雨迷蒙，山间云雾弥漫，田间有春水浇灌，一片浩渺，既壮美又纤丽，既宏大又精微，意境悠远。

这种具有田园格调的诗作在杜甫的前期创作中很少见，大多是在入蜀后所作，具有代表性的作品除了《江村》《梅雨》，还有《为农》《田舍》《狂夫》《野老》《客至》《北邻》《南邻》等。《田舍》一诗写道：

> 田舍清江曲，柴门古道旁。
> 草深迷市井，地僻懒衣裳。
> 榉柳枝枝弱，枇杷树树香。
> 鸬鹚西日照，晒翅满鱼梁。

《为农》写道：

　　　　　　锦里烟尘外，江村八九家。

　　　　　　圆荷浮小叶，细麦落轻花。

　　　　　　卜宅从兹老，为农去国赊。

　　　　　　远惭句漏令，不得问丹砂。

　　此二首描绘了一幅美丽的田园画卷。不羡神仙不慕僧，明显可看出杜甫很乐意过这样的生活，并有了一切顺其自然、终老田野的想法。夏秋之交，杜甫溯浣花溪西游，写了一首长律《泛溪》，更是农家味十足，乡野气息浓厚，且所写之景都与他的心情相契合。

　　杜甫虽在天府之国的生活安定下来，但得到的外界信息变少，与朋友的交往也越来越少，他忍受不了这种孤独。幸亏他与左右邻舍相处得不错，让恬淡的生活增添了些许欢乐。《客至》一诗写道：

　　　　　　舍南舍北皆春水，但见群鸥日日来。

　　　　　　花径不曾缘客扫，蓬门今始为君开。

　　　　　　盘餐市远无兼味，樽酒家贫只旧醅。

　　　　　　肯与邻翁相对饮，隔篱呼取尽余杯。

　　《南邻》写道：

　　　　　　锦里先生乌角巾，园收芋栗不全贫。

　　　　　　惯看宾客儿童喜，得食阶除鸟雀驯。

　　　　　　秋水才深四五尺，野航恰受两三人。

　　　　　　白沙翠竹江村暮，相对柴门月色新。

　　因杜甫的茅屋坐东朝西，故有北邻、南邻之说。《客至》是一首洋溢着浓郁生活气息的纪事诗。此诗写他的草堂少有客人来，今日来了位稀客。隔着篱笆他唤来邻翁一起饮酒，客人也不嫌怠慢，表现他诚朴的性格和喜客的心情。而杜甫上南邻朱山人家里作客，主人也同样热情接待他。从主人的率真之情和全家人的愉悦声中，可知主人是个安贫乐道之士，很满足于这种朴素而快乐的田园生活。杜甫很羡慕，给自己取了"野老"的别号，并作有《野老》一诗：

> 野老篱前江岸回，柴门不正逐江开。
> 渔人网集澄潭下，贾客船随返照来。
> 长路关心悲剑阁，片云何意傍琴台。
> 王师未报收东郡，城阙秋生画角哀。

杜甫原本认为他的新生活没有廷争、战争与纷争，将在安稳随性中继续下去，很多人也认为他就此改变了对世界的观感，会安逸当"野老"，可是他偏偏又关心起"王师未报收东郡"的事情来。"安史之乱"还未平定，侵入陇右的吐蕃人也没有被赶出去，他内心深处的家国情怀自然而然地在他笔端流露出来。

入秋后，种种愁绪又开始纠缠他了。他听说高适转任蜀州（治所在今崇州市）刺史，杜甫便写了一首《奉简高三十五使君》转给他。恃才傲物的杜甫这回略显恭维："当代论才子，如公复几人。骅骝开道路，鹰隼出风尘。行色秋将晚，交情老更亲。"他把高适比作驰骋在途的骏马，比作高飞云霄的雄鹰，并告知高适自己将要到他新任职的蜀州去看望。"天涯喜相见，披豁对吾真"意为到了相见之时，他要敞开胸襟对高适一吐真情。

可以肯定，杜甫写此诗的目的之一是他在生活上遇到了困难，有意向高适求助。因为在秋收时，这位野老的田间几乎没有收成。

杜甫感叹年老，变得更加多愁善感，写了《云山》一诗：

> 京洛云山外，音书静不来。
>
> 神交作赋客，力尽望乡台。
>
> 衰疾江边卧，亲朋日暮回。
>
> 白鸥元水宿，何事有余哀。

是年，北方的羌、浑、党项族入侵泾陇，史思明一度攻占东都，家乡的战火仍在燃烧，杜甫怎能不关心他在那里的亲友们呢？但千里之隔，他也只能对云山抒怀，表达思念之情。他在《遣愁》一诗中写道：

> 养拙蓬为户，茫茫何所开。
>
> 江通神女馆，地隔望乡台。
>
> 渐惜容颜老，无由弟妹来。
>
> 兵戈与人事，回首一悲哀。

杜甫把他的艰难处境和无奈写得很明白，这一切都是战乱造成的。他在《遣兴》《散愁二首》等诗作中把痛恨战争和思念家乡的情感表达得更强烈："干戈犹未定，弟妹各何之。拭泪沾襟血，梳头满面丝。"他害怕自己下一秒就老去，留下遗憾。在《散愁二首》中又担心他今生今世回不了故乡，"恋阙丹心破，沾衣皓首啼。老魂招不得，归路恐长迷"。

当然，思念故乡、怀念亲友是人之常情，杜甫之所以伟大，就在于他将个人命运与国家命运紧密地联系在一起，他无法停止对民生疾苦的关注和对国家命运的担忧。他在《恨别》一诗中写道：

洛城一别四千里，胡骑长驱五六年。
草木变衰行剑外，兵戈阻绝老江边。
思家步月清宵立，忆弟看云白日眠。
闻道河阳近乘胜，司徒急为破幽燕。

　　"安史之乱"已经持续了五六年，老家那边的战火还在燃烧，而他一年四役，远逃四千里外，流亡中得不到亲友的信息，只能把无限的思念和满腔愤恨化作诗句。但此"恨"是由来已久的恨，并非于此时此地生恨。事实上，杜甫作此诗是因有好消息传来——检校司徒李光弼大破叛军安太清部于怀州城（今河南省沁阳市），已进占河阳，正乘胜向叛军的老巢范阳反攻。杜甫闻讯，甚为欣喜，于是作了这首七律，以表达他盼望尽快破幽燕、平叛乱的急切心情和希望他的亲友和全国百姓都不再受战乱之苦、能过上安定幸福生活的愿望。

大庇天下寒士俱欢颜

上元二年（761年）二月，唐肃宗轻信鱼朝恩等佞臣的鼓动，命李光弼冒险进攻洛阳，不惜一切尽快收复东都。李光弼无可奈何，留下李抱玉守河阳，他与朔方节度副使仆固怀恩率官军主力会同鱼朝恩进攻洛阳。可是，仆固怀恩违背李光弼军令，在平原布阵，与史思明的骑兵进行野战，结果被叛军杀得大败。李抱玉失守河阳，官军退守闻喜（今山西省闻喜县）。三月，史思明之子史朝义杀父自立为帝。

远在四千里之外的杜甫没有听到这些坏消息。当明媚的春天向他走来时，去年秋冬偶然而生的忧思又一扫而光了。杜甫最初从荒芜中开辟出茅屋和院子，后来又渐渐向四方扩展，茅亭旁立有向外眺望的水槛，堂前栽种几棵小松，在清澈的溪旁建起疏落有致的亭台，虽然简朴，却也略具规模。茅屋前一棵参天古树旁，还有他的一畦药圃。

早春二月，寒意料峭，但成都却比周边地区温暖一些。杜甫去新津，游了一趟修觉寺，回来一口气写下《绝句漫兴九首》。

其一

眼见客愁愁不醒，无赖春色到江亭。
即遣花开深造次，便教莺语太丁宁。

其二

手种桃李非无主，野老墙低还似家。
恰似春风相欺得，夜来吹折数枝花。

其三

熟知茅斋绝低小，江上燕子故来频。
衔泥点污琴书内，更接飞虫打着人。

其四

二月已破三月来，渐老逢春能几回。
莫思身外无穷事，且尽生前有限杯。

其五

肠断江春欲尽头，杖藜徐步立芳洲。
颠狂柳絮随风去，轻薄桃花逐水流。

这组诗通俗易懂，全是写他茅庐及周边的景物。杜甫以平常之语将春色、春意描画得细腻逼真，语言通俗生动，意境清新隽永，又充满深挚淳厚的生活情趣。

乘着春意正浓，杜甫又写了一组诗《江畔独步寻花七绝句》：

其一

江上被花恼不彻，无处告诉只颠狂。

走觅南邻爱酒伴，经旬出饮独空床。

其三

江深竹静两三家，多事红花映白花。

报答春光知有处，应须美酒送生涯。

其六

黄四娘家花满蹊，千朵万朵压枝低。

留连戏蝶时时舞，自在娇莺恰恰啼。

其七

不是爱花即欲死，只恐花尽老相催。

繁枝容易纷纷落，嫩蕊商量细细开。

　　独自行走在百花争艳的小路上，杜甫寻觅着春天的踪迹。他情不自禁作了这组别具情趣的写景诗。其中第六首写的是他的茅屋旁边住着一个名叫黄四娘的邻居，虽然彼此没有过多的交往，但从女邻居和善的笑容里，他看到了人性的善良与真诚。小路上花团锦簇，长满花朵的枝条被压得低垂下来，彩蝶围着花枝翩翩起舞。花旁的小路上，有啼鸣的黄莺，那活泼自在的神态给人一种轻松愉悦的感受。

　　七首诗各选不同角度写春景，既生动描写了春光的明媚和生机，又表现了杜甫愉悦的感受和意外的惊喜。只有最后一首流露出韶华易逝、春色难留的淡淡感伤。

　　杜甫的伤感是不自觉流露出来的，这个春天的诗作基调是明丽欢快的，无论是《春水》《落日》《早起》，还是《独酌》，杜甫感受到的春天都是那样美好，写眼前的虫鸟是"细雨鱼儿出，微风燕子斜"，写夜晚的幽静是"云掩初弦月，香传小树花"。尤其一首《春夜喜雨》，更是把春雨写成了千古绝唱：

> 好雨知时节，当春乃发生。
> 随风潜入夜，润物细无声。
> 野径云俱黑，江船火独明。
> 晓看红湿处，花重锦官城。

此时的杜甫已经把自己当成一个农民。他亲自耕作，种菜养花，与农人交往，对春雨的感受自然也很深。此诗对春夜雨景的咏唱别开生面，把雨拟人化，生动传神，喜雨不仅滋润万物，还悄悄浸润了人们的心田，动人肺腑。

然而，时值多事之秋，朝野动荡不安。在陇右，羌族与党项族入寇宝鸡，大肆抢掠。在蜀地，梓州刺史段子璋于四月反唐，称梁王，朝廷命剑南道西川节度使崔光远和东川节度使李奂联兵平叛。在中原，史思明之子史朝义杀父夺权后于五月自立为帝，叛军内部互相残杀，平叛战局更加混乱。而在朝中，党争激烈，李辅国加快了专权的步伐。

这一切似乎与杜甫没有直接关系，他还沉浸在春雨夏花的安宁中。但到了盛夏，一场突如其来的暴风雨把他的田园梦击得粉碎。这场狂风暴雨一下子把他茅屋前的那棵参天古树连根拔起，茅屋顶盖也被风卷走，茅屋前后树上的花果枝叶被搜刮一空，药圃及田地里的庄稼也被损毁殆尽。杜甫欲哭无泪，在无眠的长夜痛作歌行体古诗《茅屋为秋风所破歌》：

八月秋高风怒号，卷我屋上三重茅。茅飞度江洒江郊，高者挂罥长林梢，下者飘转沉塘坳。南村群童欺我老无力，忍能对面为盗贼，公然抱茅入竹去。唇焦口燥呼不得，归来倚杖自叹息。俄顷风定云墨色，秋天漠漠向昏黑。布衾多年冷似铁，骄儿恶卧踏里裂。床头屋漏无干处，雨脚如麻未断绝。自经丧乱少睡眠，长夜沾湿何由彻。安得广厦千万间，大庇天下寒士俱欢颜？风雨不动安如山。呜呼！何时眼前突兀见此屋，吾庐独破受冻死亦足。

杜甫人生的秋天来得这么惨烈，来得这么猝不及防！然而，在如此狼狈的情形下，他想到的不是一人之悲，而是战乱中千千万万个无家可归的人。唯一的容身之所被摧毁，他还在呼号"安得广厦千万间，大庇天下寒士俱欢颜"。所谓"长歌当哭"，他的哭，声音洪亮，节奏铿锵，境界开阔，表现了他内心的激越和火热的希望。诗中表达了杜甫关爱天下苍生的情怀，愿意他一人承受痛苦而换取天下人过上安稳的日子，这种胸怀和境界备受后人称赞，而《茅屋为秋风所破歌》也成为杜甫后期创作的重要代表作之一。

杜甫遭此打击后，心情又变得抑郁起来。他在《百忧集行》一诗中，描述了当时的处境和心态：

> 忆年十五心尚孩，健如黄犊走复来。
> 庭前八月梨枣熟，一日上树能千回。
> 即今倏忽已五十，坐卧只多少行立。
> 强将笑语供主人，悲见生涯百忧集。
> 入门依旧四壁空，老妻睹我颜色同。
> 痴儿未知父子礼，叫怒索饭啼门东。

杜甫回想起他十五六岁时是那么健壮、活泼好动，然而时光如梭，而如今五十，行动已大为不便，即使做个农民、当个药师也不成了。但现今家徒四壁，妻儿要吃饭，这实在是让人愁肠百结啊。

杜甫一连写了好几首描写枯树病树的诗，诸如《病柏》《病橘》《枯棕》《枯柟》等。可能是那棵荫庇他的古树被摧毁的缘故，他借枯病之树自喻，自嘲老病无用。而且这些生物界中的病象也使他联想到社会的病态。

然而，唉声叹气是没有用的，先得想办法解决生存问题。虽然有不少朋友帮他，但自己不想办法走出困境又怎么行呢。无奈之下，杜甫只得重新考虑投到达官门下。因此，这年秋冬，杜甫将主要精力花在结交贵人上。

此念一动，杜甫又想到了李白的遭遇。如果李白不是错投到永王李璘门下，也不会遭流放一劫。他作《不见》一诗，表达了对李白的同情、担忧和思念，感慨自己和李白一样怀才不遇，很难找到扶携的贵人，并期待李白结束飘零生活，回到四川来。正是因为吸取了李白的教训，杜甫在投靠贵人时不得不再三思量权衡。

杜甫在这个冬季见过不少人，也写了不少奉迎之作。但是，酒喝得再多，最终仍是一无所获。就在杜甫几乎陷入绝望的时候，一个好消息传来，他的老友严武被任命为成都府尹兼御史大夫、充剑南道西川节度使，已由京师来成都赴任。杜甫的心中再度燃起希望的火焰。

此生那老蜀，不死会归秦

宝应元年（762 年）春，杜甫仍居草堂。因在上元二年九月二十一日唐肃宗就颁诏去尊号，并改年号为宝应，所以上元二年末两月已经是宝应元年了。严武第二次来蜀任职当是上元二年十二月。到任后，与杜甫常往来唱和，交往甚密。春上，严武给杜甫寄来一首律诗《寄题杜拾遗锦江野亭》：

> 漫向江头把钓竿，懒眠沙草爱风湍。
> 莫倚善题鹦鹉赋，何须不著鹔鹴冠。
> 腹中书籍幽时晒，肘后医方静处看。
> 兴发会能驰骏马，应须直到使君滩。

诗中严武借祢衡作《鹦鹉赋》、郝隆晒腹中书、葛洪密藏药典、杨亮舟覆险滩四个典故，规劝杜甫入仕做他的幕僚，不要让自己的才华闲藏不露，白白浪费掉。杜甫随后作答谢严武的诗《奉酬严公寄题野亭之作》：

> 拾遗曾奏数行书，懒性从来水竹居。
> 奉引滥骑沙苑马，幽栖真钓锦江鱼。
> 谢安不倦登临费，阮籍焉知礼法疏。
> 枉沐旌麾出城府，草茅无径欲教锄。

　　杜甫此诗也是借典故酬谢严武的美意。因是唱和方式，所以要与来诗相对应，即一唱一和。人们大多认为此诗表达了他不再迷恋官场，欲学古贤归隐的意向。但仔细分析后，不难发现杜甫当是"欲迎还拒"。杜甫毕竟比严武年长十几岁，若满口答应甚至直接开口求官，于杜甫而言是有损颜面的。这段时间杜甫与严武过从甚密，人们一般认为杜甫已经不想做官，是严武主动相邀。事实上，杜甫此时做官的欲望异常强烈，即便其动机不能上升到救国难的高度，为了谨守杜氏家族"奉儒守官"的家风，或是为了解决一家人眼前的生计难题，他都不会轻易放弃这样的机会。

　　而且，从去年遭灾开始，杜甫与朋友宴饮和迎来送往的诗作中明显多起来的奉迎之词，与他在长安干谒权贵时的创作极为相似。从他的《遭田父泥饮美严中丞》一诗中，不难体会杜甫的良苦用心。诗中写道：

> 步屧随春风，村村自花柳。田翁逼社日，邀我尝春酒。
> 酒酣夸新尹，畜眼未见有。回头指大男，渠是弓弩手。
> 名在飞骑籍，长番岁时久。前日放营农，辛苦救衰朽。
> 差科死则已，誓不举家走。今年大作社，拾遗能住否。
> 叫妇开大瓶，盆中为吾取。感此气扬扬，须知风化首。

语多虽杂乱，说尹终在口。朝来偶然出，自卯将及酉。

久客惜人情，如何拒邻叟。高声索果栗，欲起时被肘。

指挥过无礼，未觉村野丑。月出遮我留，仍嗔问升斗。

这首叙事诗写他在春社日清晨出游，偶然遇到老农。淳朴的老农邀他品尝春酒。他们从卯时到酉时喝了一整天。酒酣之时，老农一个劲地称赞严武是个难得一见的好官，赞扬他在成都放兵营农的善政。谈兴正浓，老农又让主妇抱出大坛酒来。直喝到月亮高升，老农还缠着客人劝酒，拉着衣袖不让走。诗中把老农的热情质朴、豪迈正直写得十分生动。杜甫写此诗的真正意图是借老农之口，以诚挚之言，对严武加以奉承赞美。

同样，他在《奉和严中丞西城晚眺十韵》中也对严武称赞不已。实际上，严武脾性暴戾，掌兵和施政手段皆偏于粗暴，他虽能干，但同僚对他从没好感，政绩顶多是毁誉参半。对杜甫的吹捧，严武是否心领神会未见记载，但可以肯定，严武与杜甫的关系变得更为密切，甚至早就已经考虑帮杜甫再谋个官职。

春季，成都一带旱情严重，杜甫写了一篇散文《说旱》。他认为"谷者百姓之本"，希望严武能够亲自讯问狱里的囚犯，加以清理，除却应该处死刑的外，都释放出来。若是囹圄一空，怨气全消，甘雨必定降落。此种说法虽然有些迷信，但足见杜甫有忧民之心，参政意识也较强烈。

不管怎么说，春夏两季是杜甫草堂最热闹的时候。高适、严武是草堂最受欢迎的客人，他们一起赏景、饮酒、题画。严武时常带着小队人马走出郊外，来到浣花溪边，拜访杜甫。他还派人给杜甫送酒，或是自己亲携酒馔，竹里行厨，与杜甫共饮。杜甫也曾到府尹厅中宴会，观赏《蜀道画图》，并同咏西蜀的山水。

试想，此时的杜甫及家人吃了上顿没下顿，也不见他耕耘劳作。如果真心归隐田园，此时应是春种正忙，怎会有闲情整天陪大小官员喝酒赏玩呢？显然，他另有所图。

当然，在这个美好的季节，杜甫依然不忘关心农事、歌咏山水花月。他写有《大雨》《屏迹二首》《绝句》《即事》《江头五咏》等，皆显出清新闲淡的韵致。从这些诗中也可看出杜甫的心情是舒适的，而且他还能静下心来探讨诗歌的创作理论，并作《戏为六绝句》：

其一

庾信文章老更成，凌云健笔意纵横。

今人嗤点流传赋，不觉前贤畏后生。

其二

王杨卢骆当时体，轻薄为文哂未休。

尔曹身与名俱灭，不废江河万古流。

其三

纵使卢王操翰墨，劣于汉魏近风骚。

龙文虎脊皆君驭，历块过都见尔曹。

其四

才力应难夸数公，凡今谁是出群雄。

或看翡翠兰苕上，未掣鲸鱼碧海中。

其五

不薄今人爱古人，清词丽句必为邻。

窃攀屈宋宜方驾，恐与齐梁作后尘。

其六

未及前贤更勿疑，递相祖述复先谁。

别裁伪体亲风雅，转益多师是汝师。

杜甫对魏晋以来的文学传统进行反思。前人的作品给了杜甫非常多的启发，所以他对"唐初四杰"的成就也不吝夸奖。他对庾信大加称赞，可能跟他与庾信相同的身世遭遇有较密切关系，使他产生"同是天涯沦落人"的"同情同感"。虽然他不喜欢魏晋诗风，但他认为对传统文化要批判继承，只有摒弃不良的诗风，才能创作出具有新意的诗篇。

杜甫对自己也有所总结，在去年他写有《江上值水如海势聊短述》一诗，其中他自评的几句颇为中肯："为人性僻耽佳句，语不惊人死不休。老去诗篇浑漫与，春来花鸟莫深愁。"

闲逸快乐的时光总是匆匆而过。就在这段时间里，长安城又发生了不少大事。四月五日，太上皇唐玄宗驾崩于神龙殿，十三天后，即十八日，唐肃宗驾崩于长生殿。在唐肃宗驾崩前两天，权相李国辅就在唐肃宗病榻前处死了张皇后和两个皇子，为太子李豫登基扫清了障碍。二十日，太子李豫即位，是为唐代宗。李国辅之所以急于让唐代宗登基，是因为他想以三朝元老自居，把持朝政，让唐代宗做个傀儡皇帝。唐代宗虽算不上明君，但他早已把李国辅的野心看得清清楚楚。他忍一时之气，韬光养晦，一边给李国辅加官晋爵，另一边暗中把京师禁军掌控在自己手里。五月十一日，唐代宗找借口免去了李国辅兵部尚书一职。君臣明争暗斗，此时，唐代宗最需要的就是能人。年轻有为的严武自然成为唐代宗急需的人才。五月十三日，朝廷诏令以西川节度使严武为兵部侍郎，迅速回京。

严武来成都仅半年又被召回，来去匆匆，让杜甫深感遗憾。他根本没想到严武会走得这么匆忙，甚至后悔自己没能直截了当地向严武表白入仕的愿望，而现在只能长相送、话离别了。

七月初，严武从成都启程还朝，杜甫一路远送三百多里。至绵州，他似有说不尽的知心话，作《奉送严公入朝十韵》以言心志：

> 鼎湖瞻望远，象阙宪章新。四海犹多难，中原忆旧臣。
> 与时安反侧，自昔有经纶。感激张天步，从容静塞尘。
> 南图回羽翮，北极捧星辰。漏鼓还思昼，宫莺罢啭春。
> 空留玉帐术，愁杀锦城人。阁道通丹地，江潭隐白蘋。
> 此生那老蜀，不死会归秦。公若登台辅，临危莫爱身。

杜甫夸赞严武有大志，是受新帝看重的人才，还京是众望所归。诗中说道："皇上得到良臣辅佐而蜀地却少了一个难得的好官，留下他独居江边，像一叶漂浮的孤萍。""此生那老蜀，不死会归秦"是此诗的核心，意在表明他希望重返长安，回朝做官，为君为国效力。此话虽然说得有点迟，但如果严武真心实意帮他，必将在皇帝面前替他说情。这是为他后来封官做了一次很好的铺垫。

杜甫深深感到像严武这样知遇至深的官员恐怕将来再难遇到，于是离愁中又添一层凄楚。杜甫将严武送到绵州还依依不舍，接着又送了一驿三十里，在奉济登船上岸后，杜甫再作一诗《奉济驿重送严公四韵》：

远送从此别，青山空复情。

　　几时杯重把，昨夜月同行。

　　列郡讴歌惜，三朝出入荣。

　　江村独归处，寂寞养残生。

　　此诗开头点明"远送"，是写实。他送了严武一程又一程，一站又一站，体现出他意深而情长；途程几转，就连那伫立的青峰也似含情送客，借山喻人，情致婉曲，情深意笃。然而送君千里终须一别，表现了杜甫不忍与严武相别的无可奈何。诗末将二人做比较，一个荣登殿堂，一个流落乡野，既赞美严武，也发出他自己的一声悲叹。

　　送走严武后，杜甫在绵州逗留数日。严武曾任绵州刺史，有不少同僚还在这里任职，他们挽留杜甫在绵州游玩数日。期间，杜甫作《送梓州李使君之任》《观打渔歌》《越王楼歌》等诗。正当杜甫欲返成都时，忽传来成都少尹兼御史徐知道在成都作乱，他派兵往北断绝剑阁的道路，拦堵援军；往西攻取邛州（今四川省邛崃市），并联络西南的少数民族叛乱。此时高适暂代成都府尹和西川节度使。平叛的重担首先落到这位年近花甲的老将身上。

　　杜甫担心家人安危，想把他们从成都转移出来，但因道路堵塞没法回去。杜甫有家不能回，便去梓州严武的一个朋友家寄住几日。他刚到梓州，就从朋友那里听到有关李白的消息。李白在流放夜郎的途中遇赦，返家后折腾了一阵子，现在正在当涂的亲戚家养病。杜甫听后，十分叹惋，怅然而作《寄李十二白二十韵》：

　　昔年有狂客，号尔谪仙人。笔落惊风雨，诗成泣鬼神。

　　声名从此大，汩没一朝伸。文采承殊渥，流传必绝伦。

　　龙舟移棹晚，兽锦夺袍新。白日来深殿，青云满后尘。

乞归优诏许，遇我宿心亲。未负幽栖志，兼全宠辱身。

剧谈怜野逸，嗜酒见天真。醉舞梁园夜，行歌泗水春。

才高心不展，道屈善无邻。处士祢衡俊，诸生原宪贫。

稻粱求未足，薏苡谤何频。五岭炎蒸地，三危放逐臣。

几年遭鹏鸟，独泣向麒麟。苏武先还汉，黄公岂事秦。

楚筵辞醴日，梁狱上书辰。已用当时法，谁将此义陈。

老吟秋月下，病起暮江滨。莫怪恩波隔，乘槎与问津。

诗中，杜甫对李白不平凡的一生进行概括描述，对李白诗歌的艺术成就进行热情的赞颂，对李白的性格品行给予赞誉，并用极为洗练的笔触勾勒出一个风流倜傥、飘逸豪放的诗人形象。之后，他又为李白晚年不幸的遭遇辩护鸣冤，把无人为他仗义执言的感慨表达得深沉幽咽。

深秋，杜甫想念家人，独出城郊。他抬眼西望，暮色苍茫，一种说不出的悲感涌上心头。他伫立寒风中，吟了一首《光禄坂行》：

山行落日下绝壁，西望千山万山赤。

树枝有鸟乱鸣时，暝色无人独归客。

马惊不忧深谷坠，草动只怕长弓射。

安得更似开元中，道路即今多拥隔。

几天后的一个夜晚，残月悬空。杜甫心中一直记挂着老妻和儿女，听着浪声，他辗转反侧，无法入眠，于是披衣下床，就着烛光写下《客夜》：

客睡何曾着，秋天不肯明。

卷帘残月影，高枕远江声。

计拙无衣食，途穷仗友生。

老妻书数纸，应悉未归情。

　　杜甫在梓州苦苦挨到秋末，打听到成都之乱兵锋已过，便悄悄潜回家中，将妻子儿女接到梓州，开始了近两年的避难生活。

第八章

东风漫卷　壮志难酬双鬓衰

在梓州，杜甫的生活色调是晦暗的。先前被边缘化的老友们此时纷纷恢复了在朝中的影响，唯独他还在四处流徙。他想有所作为，于是又开始陪游饮宴。生活的困窘和事业的不顺遂让他心灰意冷，直到听说老友严武第三度入蜀，他的生活才照进了一丝希望的光亮……

十年厌见旌旗红

宝应元年（762 年）的秋冬，杜甫是在梓州度过的。饱经战乱的杜甫目睹过尸横遍野之惨景，亲历过颠沛流离之苦难，听闻过无数家庭妻离子散、骨肉分离之哀痛，他对战争深恶痛绝，每闻战祸将至，他便早作避祸准备。但他一直深切关注成都、中原、陇西的战事进展。国内政治、军事上的变动，不管近在眼前或远在千里，都能在杜甫这里得到回应，反映在他的诗里。他听说成都有不少人战死，立刻写下行歌《苦战行》：

> 苦战身死马将军，自云伏波之子孙。
> 干戈未定失壮士，使我叹恨伤精魂。
> 去年江南讨狂贼，临江把臂难再得。
> 别时孤云今不飞，时独看云泪横臆。

杜甫作此诗是对死去的将士表示悼念，为马将军之死感到惋惜。为避成都之乱，杜甫还曾想过逃往荆楚。不过，成都的战火并没有迅速蔓延开去，他这才放心在梓州羁留。两手空空的杜甫要和家人在这里生活，首先要得到梓州刺史章彝的支持与庇护。实际上，这位刺史既为梓州刺史，又兼侍御史、东川留后使，也就是说，梓州的军政监察大权集于他一人之身。他虽对严武没有好感，但官场的规则他还是很精通的。况且，杜甫性格品行以及诗文成就都合他的胃口，因此他周到地款待了杜甫，不仅安排杜甫的日常生活，还相邀四处游玩。他们曾同游山寺，杜甫作《章留后同游》一诗；章彝赠给杜甫一支桃竹杖，杜甫又作《桃竹杖引赠章留后》。

杜甫平日常受刺史相邀前往宴饮，他的一匹坐骑红骢马也是章彝所赠。他在《陪章留后侍御宴南楼》一诗中写道：

> 绝域长夏晚，兹楼清宴同。朝廷烧栈北，鼓角满天东。
> 屡食将军第，仍骑御史骢。本无丹灶术，那免白头翁。
> 寇盗狂歌外，形骸痛饮中。野云低渡水，檐雨细随风。
> 出号江城黑，题诗蜡炬红。此身醒复醉，不拟哭途穷。

到了重阳节，他们又一起登梓州城楼。杜甫作《九日登梓州城》一诗：

> 客心惊暮序，宾雁下襄州。
> 共赏重阳节，言寻戏马游。
> 湖风秋戍柳，江雨暗山楼。
> 且酌东篱菊，聊祛南国愁。

杜甫登楼远望，有感而发，以拟人手法，描写湖风扶起垂下的柳树，江雨使山楼变得一片昏暗。整个画面形象生动，活灵活现。

197

诗末，他借典故抒怀：悲歌，家不忍言；醉眼，国不忍见。

同日，杜甫还作了一首《九日奉寄严大夫》：

> 九日应愁思，经时冒险艰。
> 不眠持汉节，何路出巴山。
> 小驿香醪嫩，重岩细菊斑。
> 遥知簇鞍马，回首白云间。

这首诗是写给朋友严武的。朝廷以兵部侍郎急诏他入京后，都城并未发生动乱，他便转为太子宾客，实授京兆尹兼御史大夫，故诗题中称他严大夫。杜甫询问他回京的一些细节，是表明时刻都在关注着好友。

此时杜甫的内心很悲凉，两个朋友都是朝廷高官，其他一些好友如房琯等也在朝中恢复了影响力，而自己不仅没有一官半职，政治抱负无法实现，而且还在四处流徙，连家人都照顾不了。为排遣忧烦，他作了一首《悲秋》：

> 凉风动万里，群盗尚纵横。
> 家远传书日，秋来为客情。
> 愁窥高鸟过，老逐众人行。
> 始欲投三峡，何由见两京。

这首《悲秋》并未多写悲之景，而是借他物言思家之悲、作客之悲，曲折地表达自己政治失意之感。章彝懂得杜甫的心思，也曾有过荐举杜甫的意向，尽管后来不了了之，但至少说明杜甫与章彝的关系还不错。

杜甫把家人接来梓州后，与章彝的交往更加频繁，且相约到周边去游玩、冬狩。去射洪县游金华山观后，他写了一首《冬到金华山观，因得故拾遗陈公学堂遗迹》：

涪右众山内，金华紫崔嵬。上有蔚蓝天，垂光抱琼台。
系舟接绝壁，杖策穷萦回。四顾俯层巅，淡然川谷开。
雪岭日色死，霜鸿有余哀。焚香玉女跪，雾里仙人来。
陈公读书堂，石柱仄青苔。悲风为我起，激烈伤雄才。

此诗写了两个地方，一是金华山观的冬景，虽略显淡然，但也不失宏伟气势，且山水相接，柔中见骨，仙气缥缈。二是写陈子昂曾就读的读书堂，杜甫的朋友邛州刺史、东川节度使李叔明在玉京观后为之立有一块施德碑，杜甫见四周荒芜，临风伤感。

与章彝相处几个月后，杜甫对这位刺史的印象还不错，他在《冬狩行》写道：

君不见东川节度兵马雄，校猎亦似观成功。夜发猛士三千人，清晨合围步骤同。禽兽已毙十七八，杀声落日回苍穹。幕前生致九青兕，骆驼䭾峞垂玄熊。东西南北百里间，仿佛蹴踏寒山空。有鸟名鸲鹆，力不能高飞逐走蓬。肉味不足登鼎俎，何为见羁虞罗中。春蒐冬狩侯得同，使君五马一马骢。况今摄行大将权，号令颇有前贤风。飘然时危一老翁，十年厌见旌旗红。喜君士卒甚整肃，为我回辔擒西戎。草中狐兔尽何益，天子不在咸阳宫。朝廷虽无幽王祸，得不哀痛尘再蒙。呜呼，得不哀痛尘再蒙。

诗中，杜甫既描写了实景，也适度地对章彝的治军有方予以赞美，且对他寄予厚望。这足以说明二人关系比较融洽。

这个冬季，杜甫大部分时间都在陪游陪饮，在射洪、通泉等地应酬诗写得较多。而他最关心的还是这些地方的战事进展情况。转眼到了年底，因得不到更多确切消息，他心里一直暗暗担忧。《渔阳》一诗正是这一时期的产物：

> 渔阳突骑犹精锐，赫赫雍王都节制。
>
> 猛将飘然恐后时，本朝不入非高计。
>
> 禄山北筑雄武城，旧防败走归其营。
>
> 系书请问燕耆旧，今日何须十万兵。

诗中提及的"雍王"即李适。冬十月，以雍王李适为天下兵马元帅，朔方节度使仆固怀恩为副帅，统领河北、朔方及诸道行营、回纥等十余万士兵进讨史朝义，会军于陕州。可能是因为此次战役是在东都一带展开，所以杜甫更为关注。但他所获得的信息十分有限，只能提醒前线将士吸取过去的教训。

唐代宗广德元年（763 年）正月，官军收复了洛阳和郑州、汴州（今河南省开封市）等地，叛军头领薛嵩、张忠志等纷纷投降。史朝义在众叛亲离的情况下吊死在温泉栅（今河北省滦县南）的树林中，他的部将李怀仙斩其头，献于朝廷。长达七年零三个月的内乱终于被官军平定。喜讯传来，杜甫欣喜若狂，喜极而泣，一夜不眠。兴奋之余，他挥毫写下七律《闻官军收河南河北》：

> 剑外忽传收蓟北，初闻涕泪满衣裳。
>
> 却看妻子愁何在，漫卷诗书喜欲狂。
>
> 白日放歌须纵酒，青春作伴好还乡。

即从巴峡穿巫峡，便下襄阳向洛阳。

此诗热情奔放，围绕一个"喜"字，杜甫痛快淋漓地抒发了毕生未曾有过的畅快，真切地描写了自己的神情、动作和心理，情真意切，毫不掩饰。激动不已的杜甫放下笔，就迫不及待地去整理行装准备回家乡了。按照杜甫规划好的回家路线，他们将下重庆漂舟巴峡，穿越三峡。结果他既没有马上踏上回乡之路，也没有回成都草堂，而是继续在梓州、阆州、绵州、汉州一带徘徊。

分析杜甫所处的环境及他的思想动态，不难发现，他高兴得实在太早了。从大环境来看，经过安史战乱后，唐王朝元气大伤，由盛转衰。政治和经济都发生剧烈变化：政治上，李氏朝廷对内丧失了中央集权的统治力量，东有藩镇割据，西有吐蕃侵扰，大片土地沦丧；北有回纥以马匹高价交换物资的困难局面，且中原收复后，曾帮助朝廷打仗的回纥人气焰更高了。他们在长安任意横行，到处抢掠，有时闯入皇城的含光门，也没有人敢来阻止。紧接着，仆固怀恩不满朝臣对他的猜忌，起兵反唐。

经济上，由于数年战乱，大唐生产力大大降低，赋税繁多，币制紊乱。关内遭遇严重灾荒，中原地区经济难以恢复。朝中管钱粮的重臣元载命追征天宝十三年（754 年）以来江淮地区欠缴或逃避的租庸。地方官僚乘机盘剥，致使社会的贫困一天比一天加深。而唐代宗又迷信佛教，怂恿寺院肆意占用许多良田美宅，国家财政经济每况愈下。

是年春，江浙出现大疫，南方发生武力反抗：歙州（今安徽省歙县）方清约在上年饥疫后起义；以河东、绛州等处兵变迭起；蜀地叛贼徐知道死后，李忠厚等又开始作乱，在成都大肆杀戮无辜百姓；吐蕃、党项已兵入北川。被杜甫视为"乐土"的天府之国烽烟再起。

面对动荡不安、复杂多变的社会环境，杜甫敏感的神经大受刺激。他需要更冷静地判断局势，反思国家为何会陷入如此境地，并重新做出选择。

寂寞壮心惊

广德元年（763 年）春的一天，杜甫再登梓州古楼，至阁顶凭窗远眺，三台春色尽收眼底。四周青山环抱，远处涪江、凯江如玉带环绕，景色十分宜人。杜甫心潮起伏，遐思悠远，写下《春日梓州登楼二首》。

其一

行路难如此，登楼望欲迷。
身无却少壮，迹有但羁栖。
江水流城郭，春风入鼓鼙。
双双新燕子，依旧已衔泥。

其二

天畔登楼眼，随春入故园。
战场今始定，移柳更能存。
厌蜀交游冷，思吴胜事繁。
应须理舟楫，长啸下荆门。

杜甫人站在楼上，心却飞出很远，对眼前美景视而不见，只写他"厌蜀交游冷"的心情。"安史之乱"平定让他狂喜了一阵子，但他很快发现国家和自己的处境依然很艰难，"青春作伴好还乡"的美梦一时根本无法实现。他内心充满矛盾，紧接着写了《远游》一诗：

> 贱子何人记，迷芳著处家。
> 竹风连野色，江沫拥春沙。
> 种药扶衰病，吟诗解叹嗟。
> 似闻胡骑走，失喜问京华。

杜甫以极精练之语，写出了自己在战乱中的远游之迹、远游之事，以及行踪飘忽、居无定所的生活状态。战场今始定，他却不知该何去何从。"问京华"之语，隐含着是否能重返长安之意。此时的杜甫考虑的并不是马上回老家去，而是抱有重返长安的希望。

整个春季，杜甫辗转于梓州、绵州、汉州、阆州一带，他到底是在野游，还是在寻找新的安身之所，或是为重返长安铺路呢？从杜甫的行迹大致可看出他的真实意图。

杜甫此番出行的目的地是汉州，可能因听说房琯被调回京城，想去为他送行。"安史之乱"结束了，房琯被唐代宗拜为刑部尚书，而房琯党羽也大多回京，皆受到唐代宗重用。杜甫当属房琯一党，回京的希望很大，于是他匆忙赶往汉州。

去汉州须途经绵州，杜甫在绵州也有不少朋友，免不了见面宴乐一番。他写了好几首应酬诗，主要有《又送》《又呈窦使君》《送李卿晔》《巴西驿亭观江涨呈窦十五使君二首》等。他在《送李卿晔》一诗中写道：

> 王子思归日，长安已乱兵。
> 沾衣问行在，走马向承明。
> 暮景巴蜀僻，春风江汉清。
> 晋山虽自弃，魏阙尚含情。

　　李晔被贬，杜甫他乡送客，虽是胜春，却觉生意索然，令人触景而生愁思。但"晋山虽自弃，魏阙尚含情"，杜甫既是安慰朋友，也是在安慰自己，表达了思君恋阙、怀想长安之情。

　　杜甫赶到汉州并没有见到房琯。此时房琯已经在去长安赴任的路上了。当时的汉州是比较大的一个州，有很多处好景致，杜甫顺便游览了一番。泛舟于房琯在汉州城西北角开凿的房公西湖，杜甫写下了《陪王汉州留杜绵州泛房公西湖》《得房公池鹅》《舟前小鹅儿》《官池春雁二首》《汉川王大录事宅作》等诗作。《官池春雁二首》中写道：

其一

> 自古稻粱多不足，至今鹈鹕乱为群。
> 且休怅望看春水，更恐归飞隔暮云。

其二

> 青春欲尽急还乡，紫塞宁论尚有霜。
> 翅在云天终不远，力微矰缴绝须防。

　　此二首皆写时光不能留，欲归还受阻，抒发归途虽不远、还乡唯恐迟的伤悲之情。

游湖之后，不知何故，杜甫直接从汉州匆匆赶往阆州，可能是他听到了房琯滞留在阆州的消息。他又急忙动身去阆州，但他在那里待的时间很短。由此可以推想，他们多半没能见上面。此次阆州之行正值暮春，杜甫写下《双燕》《百舌》《江亭送眉州辛别驾升之》等应时应人之作。他在《双燕》中写道：

> 旅食惊双燕，衔泥入此堂。
>
> 应同避燥湿，且复过炎凉。
>
> 养子风尘际，来时道路长。
>
> 今秋天地在，吾亦离殊方。

此诗字词虽浅显，却颇费人思量："双燕"的指代意义是什么？"同避"是否指他与房琯？其意当为"世经乱离，而天地仍在，天空任鸟飞"，也表明杜甫对回京充满信心和期待。

仅两天后，杜甫便离开阆州，于春末返回梓州。

杜甫此行没有达到预期的目的，但他"问京华"的动机已经明白地表露出来。春夏两季，杜甫在梓阆一带不间断地与新朋旧友往来，接二连三地写了多篇应酬之作。这些诗大多粗浅无味，与最初杜甫旅食长安的那些政治诗又互为对照。这正是杜甫的最伤心处，他又和在长安时一样，自称"贱子"，诗题中"陪送"二字再次频繁出现。

在此期间，杜甫衣食无着，生计完全依靠那些"边头公卿"。这些使君、幕府、县令只知道杜甫能诗能文、懂得一些药理，大多乐意邀杜甫同饮赋诗。尽管杜甫与大多数官吏毫无瓜葛，却又不得不违心而为。但另一方面，杜甫这样做的目的很明确，试图重返京华，说明他对实现政治理想的信心正在恢复。

然而，在这些新朋旧友中，新朋多半是偶然相识，彼此一度倾心，随后也就没有更深的来往；故友则是异地重逢，见一面就分手了。他在《观薛稷少保书画壁》写道："此行叠壮观，郭薛俱才贤，不知百载后，谁复来通泉。"这是新知，怕是以后百年也难得见上一面了。《送路六侍御入朝》则说："童稚情亲四十年，中间消息两茫然。更为后会知何地？忽漫相逢是别筵。"可见在这些朋友中，能给杜甫提供帮助的人确实不多。

眼看夏去秋将至，杜甫在"外交活动"方面仍没有明显的成效，心情郁结难舒。这时，他又惊闻吐蕃、党项贼兵已进占许多州，河西、陇右全部沦陷，更是忧愤交加，奋笔写下七言律诗《天边行》：

> 天边老人归未得，日暮东临大江哭。
> 陇右河源不种田，胡骑羌兵入巴蜀。
> 洪涛滔天风拔木，前飞秃鹙后鸿鹄。
> 九度附书向洛阳，十年骨肉无消息。

此诗描写了一幅战乱中黎民百姓颠沛流离的生活场景。面对浩荡的大江，他想起自己过去的种种不幸经历，那种突然涌上心头的酸楚一下子爆发出来。他声泪俱下，倾诉了骨肉分离之忧伤哀痛。

就在这时，又传来房琯于八月四日在阆州僧舍里病逝的噩耗。杜甫九月初从梓州赶去，吊唁这位与他的政治生活有密切关系的同乡知己。

在去往阆州的途中，杜甫写了《薄暮》《薄游》《严氏溪放歌》等诗作。他在《严氏溪放歌行》一诗中写道：

> 天下甲马未尽销，岂免沟壑常漂漂。
> 剑南岁月不可度，边头公卿仍独骄。

费心姑息是一役，肥肉大酒徒相要。

呜呼古人已粪土，独觉志士甘渔樵。

况我飘转无定所，终日戚戚忍羁旅。

秋宿霜溪素月高，喜得与子长夜语。

东游西还力实倦，从此将身更何许。

知子松根长茯苓，迟暮有意来同煮。

好友房琯在刚被唐代宗重新起用之时就病逝了，杜甫深感悲痛、遗憾。他既是为老友惋惜，也是为自己惋惜。他不仅失去了一位良友、知音，他的政治前程也蒙上一层阴影。一路上，杜甫莫名感伤，自伤旅况，叹时无知己。内心有何隐痛，恐怕只有杜甫自己才能体会。

《薄暮》中写道：

江水长流地，山云薄暮时。

寒花隐乱草，宿鸟择深枝。

旧国见何日，高秋心苦悲。

人生不再好，鬓发自成丝。

此诗倾诉个人之悲：一来家国破败，二来房琯已死，三来高秋彻骨，所有一切预示"人生不再好"。一夜之间，五十二岁的杜甫"鬓发自成丝"。

九月二十二日，杜甫写了一篇《祭故相国清河房公文》，他在这篇沉痛的祭文里颂扬了房琯的政治气节和对朝廷的诚挚忠心。

杜甫在阆州为房琯守灵的日子，吐蕃、党项大军正向长安快速推进。由于讨伐安史叛军的需要，镇守西部的军队大部被撤回中原，吐蕃乘虚深入内地。战事告急，宦官程元振又蒙混唐代宗，不让他知道。十月吐蕃攻陷邠州，占领了奉天（今陕西省乾县），兵临长安城下。长安没有足够的兵力抵抗，唐代宗在仓皇中跑到陕州避难，使吐蕃血不染刃便占领了长安。然后，他们把唐宗室广武王李承宏立为皇帝，随后纵兵焚掠，长安被洗劫一空。官军的散兵游勇，也到处骚扰，百姓都逃入山谷。

因大势所迫，唐代宗仓促启用郭子仪为副元帅，迎击吐蕃。郭子仪积极组织兵力反击吐蕃，命令长孙全绪率二百骑出陕西蓝田，白天击鼓扬旗，夜晚点火误导敌人。同时又以数百人化装潜入长安，组织城里人到处传说："郭令公（即子仪）亲率大军来了！"吐蕃兵惊恐，不战而走，全部撤离长安。陷落十五天后，长安被唐军收复。

唐代宗回到长安后，郭子仪伏地请罪，唐代宗说道："朕没有及早用卿，所以才到这种地步。"为表彰郭子仪的功绩，唐代宗赐给他铁券（免死牌），在凌烟阁为他画像，以彰显他的兴唐之功。长孙全绪等也被加官晋爵。同时削免程元振官爵，放归田里。

直到长安收复后一个月，杜甫才有所闻，因此他既感慨"西京安稳未，不见一人来"，又感到"乱离知又甚，消息苦难真"。对都城长安八年内两度陷落，惨遭焚毁，他深感刻骨之痛，哀叹道："隋氏留宫室，焚烧何太频！"

房琯之死让杜甫再次萌生离开蜀地的念头。每想到令人魂牵梦绕的家乡，他便兴奋不已。但是，眼下仍有一个很大的难题困扰着他——没有旅费，寸步难行。他愁绪万千，时而遥念故乡，时而追思吴越的旧游，还想到蜀中的朋友，觉得不管是回洛阳或是去江南，都到了该走的时候。但他心里依然很纠结，于是作《江陵望幸》：

> 雄都元壮丽，望幸欸威神。
> 地利西通蜀，天文北照秦。

风烟含越鸟，舟楫控吴人。

未枉周王驾，终期汉武巡。

甲兵分圣旨，居守付宗臣。

早发云台仗，恩波起涸鳞。

此诗对江陵水乡展开想象描述，不仅是对江陵人文地理的赞扬，也说明他再次规划好了去蜀的路线。

他一方面做东游的计划，一方面又怀念成都的草堂。他写了《舍弟占归草堂检校聊示此诗》一诗，把经营草堂的始末与不得已离开草堂的原委写得详尽亲切，甚至还惦念着堂前的四棵小松树。杜甫思虑再三最终才拿定主意，要他弟弟杜占料理草堂，自己择时东下。然而，杜甫又得到家信知道女儿病了，一时惶惶不安，左右为难，决定先返回梓州。

因季节不同，心情不同，杜甫途中所见所感与来时迥异。他在《发阆中》一诗中写道：

前有毒蛇后猛虎，溪行尽日无村坞。

江风萧萧云拂地，山木惨惨天欲雨。

女病妻忧归意速，秋花锦石谁复数。

别家三月一得书，避地何时免愁苦。

一路寒风萧瑟，人烟稀少，山林中似藏有毒蛇虎豹；流云随风掠地而过，正预示大雨将至。他对那些秋花锦石丧失了观赏之兴，一心只想早点赶回家去。此诗将流寓异地的无奈与凄楚毫不掩饰地表露出来，其愁甚浓，其情甚苦。

是年深冬，杜甫离开阆州前得闻老友高适还在与侵入陇右、川北的吐蕃贼兵拼杀。高适曾经率兵攻吐蕃南境，本想从旁牵制，不料被围。杜甫对于西蜀边疆的危急不胜焦愁，迅即写下了《警急》《王命》《征夫》等好几首五言律诗，他在《警急》中写道：

> 才名旧楚将，妙略拥兵机。
>
> 玉垒虽传檄，松州会解围。
>
> 和亲知拙计，公主漫无归。
>
> 青海今谁得，西戎实饱飞。

尽管杜甫一向厌恶战争，但他对唐肃宗的和亲之策却大加批判，认为对西戎除了坚决抵御和讨伐外，别无他途。他也赞扬了高适老当益壮、英勇奋战的精神。他坚信有这样精于谋略的老将出马，围困定能一举而解。

他还在《征夫》诗中写道：

> 十室几人在？千山空自多！
>
> 路衢唯见哭，城市不闻歌。
>
> 漂梗无安地，衔枚有荷戈。
>
> 官军未通蜀，吾道竟如何？

此诗诉说战争频仍，老百姓或流落他乡或被官吏抓去当兵或饥寒交迫而死，造成"十室九空"人口凋零的现状，痛陈官军征边之苦，发出走投无路之叹。叙事、抒情、议论结合，将己愁国忧紧密相连，语气沉痛，透露出对战乱的愤慨。

这时候，杜甫内心充满矛盾，比自己年长的高适尚在战场浴血杀敌，而自己此时怎么能一走了之呢？何况现在自己一无所有，又有何面目见家乡父老？不如以老残之躯做最后一搏。想到这里，杜甫又写了一首五言律诗《岁暮》：

岁暮远为客，边隅还用兵。

烟尘犯雪岭，鼓角动江城。

天地日流血，朝廷谁请缨。

济时敢爱死，寂寞壮心惊。

此诗描写川北边境战争激烈，时局艰难，朝廷却无人请缨抗敌，自己虽胸怀壮志却被迫漂泊异乡，在孤独寂寞中老去。杜甫表达了他对朝廷里懦弱无能的大臣们的谴责，抒发了自己报国无门、壮志难酬的苦闷。尽管年过半百，他的胸中依然跳动着一颗蓬勃有力的"壮心"！

但返回梓州后，杜甫沸腾的心很快冷却下来。年底，他把自己的想法、打算全部告诉章刺史，并对章大人平日的照顾表示感谢。为此，杜甫作长韵《将适吴楚留别章使君留后兼幕府诸公》来表白心迹：

我来入蜀门，岁月亦已久。岂惟长儿童，自觉成老丑。

常恐性坦率，失身为杯酒。近辞痛饮徒，折节万夫后。

昔如纵壑鱼，今如丧家狗。既无游方恋，行止复何有。

相逢半新故，取别随薄厚。不意青草湖，扁舟落吾手。

眷眷章梓州，开筵俯高柳。楼前出骑马，帐下罗宾友。

健儿簇红旗，此乐或难朽。日车隐昆仑，鸟雀噪户牖。

波涛未足畏，三峡徒雷吼。所忧盗贼多，重见衣冠走。

中原消息断，黄屋今安否。终作适荆蛮，安排用庄叟。

随云拜东皇，挂席上南斗。有使即寄书，无使长回首。

章彝相信杜甫是诚恳的，虽然很同情他，但除了给他提供生活

212

上的帮助外，对他实现政治目标则无能为力。在蜀地，有可能帮助他的房琯已死，而高适已年老，且正征战沙场，自身能否生还尚无法保证，更别指望帮杜甫了。继续留在蜀地已经是希望渺茫，杜甫深感壮志难酬，摇摆不定的心终于又偏向回归故土。

已忍伶俜十年事

广德二年（764 年）初，杜甫得到刺史章彝的资助，带着全家老小从梓州出发，再次踏上奔波之路。此时他尚未得到严武来蜀的消息，因年前被迫返回梓州，他的心情一直很压抑。在去往阆州途中他写了一首排律《释闷》：

> 四海十年不解兵，犬戎也复临咸京。
> 失道非关出襄野，扬鞭忽是过胡城。
> 豺狼塞路人断绝，烽火照夜尸纵横。
> 天子亦应厌奔走，群公固合思升平。
> 但恐诛求不改辙，闻道婺孽能全生。
> 江边老翁错料事，眼暗不见风尘清。

此诗咏叹时事维艰，兵戈未止，百姓流离失所、将士尸横遍野的凄惶情景。但这时候的杜甫虽怀国败家破之愁，却因出蜀心意已决，加之房琯去世经年，其悲痛之心已减弛不少；虽对朝廷中小人

214

当道充满痛恨，却责怪自己"料事"有错，意在"罪己"。

到了阆州城，杜甫登上城头，所见竟似空城，只觉东风恶、春寂寥，他即兴而作《城上》一诗：

> 草满巴西绿，空城白日长。
>
> 风吹花片片，春动水茫茫。
>
> 八骏随天子，群臣从武皇。
>
> 遥闻出巡守，早晚遍遐荒。

诗中之景暗藏凄然，但"绿""花""春"三字色彩生动，透露出杜甫到阆州后的心境变得轻松多了。

杜甫在《江亭王阆州筵饯萧遂州》中还在幽述"离亭非旧国，春色是他乡"的漂泊之苦，随后却在《阆水歌》中说"应结茅斋看青壁"，转眼就沉迷于阆州的山水风光中了。踏歌于阆州山水，与先贤神灵共沐于日光之下，他深深感受到阆州的名山胜意。在《阆水歌》中，他以石黛碧玉、日破浪花、沙际归春、巴童荡桨、水鸡衔鱼入画，绘出了"可肠断"的真实图景。在《玉台观》中，又以冯夷贴鼋鼍窟、嬴女贴乌鹊桥的典故，营造出仙气飘飘的迷人境界。

杜甫的所见、所闻、所感与去年大相径庭，阆州的丽山秀水挽留住了一个匆匆返乡的过客。他在《滕王亭子》中写道：

> 君王台榭枕巴山，万丈丹梯尚可攀。
>
> 春日莺啼修竹里，仙家犬吠白云间。
>
> 清江锦石伤心丽，嫩蕊浓花满目班。
>
> 人到于今歌出牧，来游此地不知还。

"清江锦石伤心丽，嫩蕊浓花满目班"两句玄外有音，妙不可言。不但由此看得出这山川的特殊形势，而且好像还感受到它们的色彩和声音，让杜甫"来游此地不知还"。正因为杜甫如此眷恋阆州的山水，延迟了还乡日期，才让杜甫的人生之旅出现了又一次转折。

二月中，仍在阆州逗留的杜甫得到一个喜讯：好友严武被授为成都府尹、剑南节度使第三次入蜀。杜甫惊喜交加，立马收拾行装，打道回府。在赶往成都的路上，他一口气写下五首诗给严武寄去。这组诗为《将赴成都草堂，途中有作，先寄严郑公五首》。其四写道：

> 常苦沙崩损药栏，也从江槛落风湍。
> 新松恨不高千尺，恶竹应须斩万竿。
> 生理只凭黄阁老，衰颜欲付紫金丹。
> 三年奔走空皮骨，信有人间行路难。

这组诗中，当数第四首表达的思想感情最为丰富。既有对草堂故园风物，如堂内的乌皮儿、堂前的新松、江边的水槛和药栏等的担心，又用"新松恨不高千尺，恶竹应须斩万竿"来表达希望严公能够扶植正义的力量，同时，对丑恶的事物和奸佞的小人绝不姑息，予以坚决铲除。组诗既有对往日交往的回忆，有对严公过去关照的感谢，有对三年来的奔波之苦的倾诉，还有对严公的期望，但没有直露做官的心愿。

杜甫简直把严武当成了他的"救世主"，回到成都后，迫不及待地想与严武见面。此时杜甫的心情可能是五味杂陈的。他在《奉待严大夫》一诗中写道：

> 殊方又喜故人来，重镇还须济世才。
> 常怪偏裨终日待，不知旌节隔年回。
> 欲辞巴徼啼莺合，远下荆门去鹢催。

身老时危思会面，一生襟抱向谁开。

显然，这首诗中并非只有"喜"，还满含着无比的辛酸与悲苦。杜甫盼星星盼月亮般地"思会面"，并不是想与严武当面作别，而是想向他袒露心扉，表达入仕的意愿，却似乎又不好开口。杜甫要离开蜀地最重要的原因，是严武回京后，蜀地没有人能帮他实现政治理想。他也"不知旌节隔年回"，如果知道，他是绝不会急于回家乡的。

严武现官居成都府尹、剑南节度使。剑南道为全国十五道之一，原东西两川合并了，剑南节度使的权力变得更大了。

按理说，严武为一方大员，入严武府幕可谓轻而易举，为何几个月后杜甫才任职呢？其实严武早就懂得杜甫的心思，他知道虽然杜甫急于做官，但不会轻易接受县尉、县丞甚至司马、参军之类的地方官职。杜甫的志向是做京官，辅佐君王，哪怕品级很低也不会在意。这也是他对八品拾遗有兴趣，而辞掉七品华州司功参军之职的原因。正因如此，严武得想办法让杜甫挂一个像样的京官之职。

杜甫回到成都后，把沉寂了一年多的草堂好好收拾了一番。草堂又恢复了生气。杜甫满怀深情地作叙事长韵《草堂》，回忆了蜀地战乱给人们带来的痛苦，以及离开草堂到如今归来这三年的形势变化，对草堂做了今昔对比后再表达他的心愿："飘飘风尘际，何地置老汉？于是见疣赘，骨髓幸未枯。"这是杜甫的心里话，他要将这把老骨头奉献出来，为国效力。而在《忆昔二首》中，杜甫把他的君国思想表现得更为充分。杜甫在诗中回忆开元年间全盛的情景，对比"安史之乱"后的惨象，希望大唐能在唐代宗时代又一次兴盛起来。

杜甫热切期盼入仕为官，服务国家。正因有所期盼，心情自然转好，看什么景、什么物都有了新意。最能体现他心情大好的是几首著名的绝句。如《绝句二首》：

其一

迟日江山丽，春风花草香。

泥融飞燕子，沙暖睡鸳鸯。

其二

江碧鸟逾白，山青花欲燃。

今春看又过，何日是归年。

第一首写江山沐浴着春光，春风送来花草的芳香。燕子衔着湿泥忙筑巢，成双成对的鸳鸯睡在沙上。这是一幅极富动感的画面，写出一派生意盎然的春色，格调清新，意境明丽。其二首句中用了"碧""白""青"以及"燃"这四个色彩词，生动形象地刻画了一幅镶嵌在镜框里的山水花鸟图，令人目眩神迷。整句以江碧衬鸟翎的白，碧白相映生辉；以山青衬花朵的红，青红互为映衬。此诗以色取胜，是典型的"以诗为画"的作品。

这两首诗都表达了杜甫热爱大自然的愉快心情。所谓"景由情生"，人的心情好，写出来的景色也就很美。再如他的《绝句四首》之三：

两个黄鹂鸣翠柳，一行白鹭上青天。

窗含西岭千秋雪，门泊东吴万里船。

成对的黄鹂在新绿的柳枝上鸣叫，一行白鹭在蓝天上自由飞翔；凭窗望去，西山白雪好像嵌在窗中，构成了门前有客船的背景。这一幅动静相宜的画面，多么灵动有趣。杜甫在草堂生活了数年，这样的景色想必以前也曾见到，但那时杜甫的心情很糟糕，摄取的画面投映在脑海中没有这样的美感。可见，大自然之美要靠人用心去感应。

初夏四月，成都久旱后终于下了一场大雨，杜甫半夜被雨声惊醒，但心情却很舒畅。他神清气爽，于夜半而作《喜雨》：

> 南国旱无雨，今朝江出云。
> 入空才漠漠，洒迥已纷纷。
> 巢燕高飞尽，林花润色分。
> 晚来声不绝，应得夜深闻。

是年夏六月，杜甫终于盼来满意的结果，他被任命为剑南节度使严武府幕参谋，朝廷加授他为检校工部员外郎（六品上），特赐绯鱼袋（五品官员配饰）。检校，即代理，尚未实授其官，但可主掌其职事。这是杜甫毕生所获最高官职，尽管他没去工部上过一天班，更没有主掌其职事，但后人仍称他"杜工部"，以示尊敬。

杜甫能挂六品京官职衔，足可说明唐代宗对严武十分信赖。严武走马上任之时，正是蜀地危急时分。他决心与西戎，即进犯的吐蕃、党项外族血战到底。一方面，严武竭尽所能召集兵马，四处筹集粮饷，组建起一支斗志高昂的新军；一方面，严武在抵御外患的战斗中，身先士卒，往往一马当先。因此，在收复川北的战役中，官军一路陷阵斩将，高歌猛进，很快攻下当狗城（今四川省理县）。严武以微弱的伤亡为代价，杀敌七万余人，俘虏无数，一战击溃吐蕃主力。严武以破吐蕃之功，晋升为检校吏部尚书，封郑国公。

初入严武府幕时，杜甫很有信心和干劲。那时候严武军政事务繁忙，杜甫除了帮助严武训练士卒、提建议外，还写了一篇《东西两川说》，论及边疆上的许多问题。

七月，严武率军继续追击西戎，出发前写绝句《军城早秋》，杜甫作绝句《奉和严大夫军城早秋》相和。和诗写道：

秋风袅袅动高旌，玉帐分弓射虏营。
已收滴博云间戍，更夺蓬婆雪外城。

严武励精图治，不负众望，十月收复盐城，尽归难民。同时，命汉州刺史崔旰，即崔宁在西山追击吐蕃，扩地数百里。杜甫作为严武的幕僚，想必会提出一些建议。

幕府的工作虽不多，但办公时间很长，战时更是不计日夜地待命。节度使随时有可能找参谋们商讨问题，因此参谋们要时常待在府里，生活枯燥而单调。加上同僚间往往为个人利益而钩心斗角，这让杜甫很反感。他的目标是"再使风俗淳"，他对同僚间的互相猜疑、攻击提出批评，曾在《莫相疑行》一诗中说："晚将末契托年少，当面输心背面笑。寄谢悠悠世上儿，不争好恶莫相疑！"但事实上，这种官场顽疾并不只在严武府中存在，也不可能在这里全部清除干净。

到了晚秋，杜甫的心绪又低落下来，作《军中醉饮寄沈八刘叟》一诗：

酒渴爱江清，余酣漱晚汀。
软沙欹坐稳，冷石醉眠醒。
野膳随行帐，华音发从伶。
数杯君不见，都已遣沉冥。

杜甫写他闲得发慌，在草堂醉后的徜徉自得之态隐隐透露出他不乐居府幕的心情。此诗先写醉酒，后写饮酒情形，是一种倒叙写法。到底是何事令他借酒浇愁的呢？或许在《立秋雨院中有作》中能找到一些答案。他说：

> 山云行绝塞，大火复西流。飞雨动华屋，萧萧梁栋秋。
> 穷途愧知己，暮齿借前筹。已费清晨谒，那成长者谋？
> 解衣开北户，高枕对南楼。树湿风凉进，江喧水气浮。
> 礼宽心有适，节爽病微瘳。主将归调鼎，吾还访旧丘。

杜甫写他因对严武怀有愧意才入幕，而入幕后却没能做好事情，虽然幕主很有气度地宽宥他，但他的身体渐渐难以支撑了。此诗从府院中的雨景思及草堂，含有辞幕归园之意。

因心情倦懒，工作渐渐懈怠；又年老贪酒，杜甫常常惹来一些麻烦。而有一次，麻烦惹得很大。据史载，那是在严武举办的宴会上，杜甫借酒发疯，他"醉登武床，瞪视曰：'严挺之乃有此儿！'"

当着众人的面直呼严武父亲的名字是相当严重的挑衅，何况是声色俱厉的责难。一下子在座的人都惊呆了！

严武本性急暴，闻言怒火顿起。他恶狠狠地瞪着杜甫看了半天，而后一字一顿地说："你这个杜审言的孙子，是不是想捋老虎的胡须呢？"

当时的气氛异常紧张，但最终双方都忍住了，没有任由事态发展。在座的人赶忙打圆场，事情就这样糊弄过去了。

严武虽然表面上原谅了杜甫，但他心里还是记着仇的。这次酒后的"瞪眦"，使他们的关系有了裂痕。演变到后来，严武竟然心生杀意。不知杜甫和梓州刺史章彝因何事惹恼了严武，他很坚决地要杀掉二人，并命令将吏们集合于辕门。非常诡异的是，就在严武传下杀人将令后，头上的官帽却一连三次被帘钩挂住。在耽误的这段时间，严武的一个侍从匆忙禀告他母亲裴氏，裴氏急奔而至，才救下杜甫。唯独章彝倒霉，堂堂一个刺史，竟被当场杖杀，着实惊心骇目，令人悲叹。

杜甫似乎并没有被吓住，事后还几次为章彝诉冤。严武杀人可能是盛怒之下的过激行为，所以他也不再跟杜甫计较。但这层阴影罩在杜甫头上，总是挥之不去，成为他辞幕的重要原因之一。

此事过后的某天，杜甫夜半醒来，忽然听府外有奇异的怪叫声，细听后发现，原来是远处军营传来的号角声。他再无睡意，望着中天月色，写下一首悲凉的七律《宿府》：

清秋幕府井梧寒，独宿江城蜡炬残。
永夜角声悲自语，中天月色好谁看？
风尘荏苒音书绝，关塞萧条行路难。
已忍伶俜十年事，强移栖息一枝安。

此情此景让杜甫倍感孤独、凄凉，这样的场景在他十年的逃亡生涯中经常出现。没想到如今进了节度府，这种场景会重现，他不堪承受，辞幕的意愿越来越强烈。虽然前段时间他一再给严武写诗，请求解职，想回到草堂过农人的自耕生活，但严武皆未作答复。

但现在又发生了酒后"睥睨"和章彝被杖杀事件，杜甫的去意已决。他写下长韵《遣闷奉呈严公二十韵》，向严武作辞。诗中写道：

白水鱼竿客，清秋鹤发翁。胡为来幕下，只合在舟中。
黄卷真如律，青袍也自公。老妻忧坐痹，幼女问头风。

平地专欹倒，分曹失异同。礼甘衰力就，义忝上官通。

畴昔论诗早，光辉仗钺雄。宽容存性拙，剪拂念途穷。

露裛思藤架，烟霏想桂丛。信然龟触网，直作鸟窥笼。

西岭纡村北，南江绕舍东。竹皮寒旧翠，椒实雨新红。

浪簸船应坼，杯干瓮即空。藩篱生野径，斤斧任樵童。

束缚酬知己，蹉跎效小忠。周防期稍稍，太简遂匆匆。

晓入朱扉启，昏归画角终。不成寻别业，未敢息微躬。

乌鹊愁银汉，驽骀怕锦幪。会希全物色，时放倚梧桐。

此诗与《立秋雨院中有作》的内容一致，都是说杜甫不愿住在幕府的意愿。经过一段时间的工作，他觉得幕府中的规矩礼制太严苛，他受不了这样的拘束，加上年老体衰又有病，想回到让他身心自由的草堂去。他再次提及当初入幕的动因，并反思他的选择到底对不对。此外，他还展开想象，对草堂风物进行细腻描写。

见杜甫去意坚决，严武也就不便强留。到了夏历年底，他终于答应了杜甫的请求。

永泰元年（765 年）正月，杜甫回到草堂就开始修葺建设，除了把屋内收拾整齐外，还在屋外栽树种花，伐竹除草。显然他预备长期住下去。

这时，杜甫的好友高适病逝，杜甫痛作《闻高常侍亡》一诗，深表哀悼。四月，杜甫的悲泪还未风干，又惊闻严武在成都城内暴病而亡，时年仅四十岁。杜甫又为严武流了一回泪，作《哭严仆射归榇》：

素幔随流水，归舟返旧京。

老亲如宿昔，部曲异平生。

风送蛟龙匣，天长骠骑营。

一哀三峡暮，遗后见君情。

严武死后，西山兵马使崔宁与新任节度使郭英乂不睦，矛盾越演越烈，直至双方兵戎相见，战火迅速波及全蜀。杜甫老居草堂的美梦再次被击碎，决计离开成都，离开蜀地。他写了一首《去蜀》，总结他在蜀地的经历：

五载客蜀郡，一年居梓州。

如何关塞阻，转作潇湘游？

世事已黄发，残生随白鸥。

安危大臣在，何必泪长流。

此前杜甫已经好几次做过东归之想，如今对成都已无所依恋，也没有任何理由留在草堂终老了。五月，杜甫在战火尚未烧到草堂之前，带着妻儿匆匆踏上东归之路。

第九章

孤舟漂泊　野老魂归诗千秋

　　杜甫离开成都后，带领家人驾小船沿长江而下。他们先后在渝州、忠州、云安、夔州、江陵、岳州、潭州等地停留。杜甫自嘲这段时间一家人如"天地一沙鸥"般漂泊无依。贫病交加的窘况让他心中无限索寞，天地之大竟找不到一处他的容身之地。饱受疾苦的杜甫最终在遗恨中谢世，给后人留下无尽的诗歌宝藏。

天地一沙鸥

永泰元年（765年）夏，杜甫携妻小出成都南下至岷江，再租船沿江行经嘉州（今四川省乐山市）往戎州（今四川省宜宾市）。一叶孤舟漂于岷江之上，两岸群山相拥，云遮雾绕，恍惚间，杜甫竟不知置身何处。到了青溪驿上岸住宿，杜甫还在回想所见情景，夜深月升，思友之情涌动，于是作《宿青溪驿奉怀张员外十五兄之绪》：

> 漾舟千山内，日入泊枉渚。我生本飘飘，今复在何许。
> 石根青枫林，猿鸟聚俦侣。月明游子静，畏虎不得语。
> 中夜怀友朋，乾坤此深阻。浩荡前后间，佳期付荆楚。

诗中提到的张之绪复官不久，实授工部员外郎，居荆楚。杜甫正要去那里与他相会，自然首先想到他。可能他还不知道，好友李白第一次下渝州也是走的这条水路。从此诗可看出，杜甫一开始就计划下荆楚，游潇湘，而不是归故里。"飘"字在后面的诗作中常常

226

出现。

杜甫到戎州后，戎州杨刺史为他接风洗尘，他作《宴戎州杨使君东楼》一诗答谢。这顿酒让杜甫十分尽兴，咏道："重碧拈春酒，轻红掰荔枝。"

接着，杜甫一家又顺流经屏山、戎州、泸州漂向渝州（今重庆市），六月底到达这座陌生的山城。因与严六侍郎预先约定下三峡，只好稍事停留。到了渝州，杜甫把船停靠在内江北岸的沙嘴。这个码头北面倚山，东南两面临江，为天然深水港，但上街一趟很不容易。

在这里，杜甫待了半月也没见朋友身影。某天夜晚，他上岸喝了很多酒，清晨一觉醒来，从船窗望出去，城郭、门户都被晨曦笼罩着，河岸陡峭，而猛涨的江水则像从天上奔注下来似的，波涛汹涌，浪花飞溅，船身剧烈晃动，杜甫感到恐惧。不能再等了，他展纸挥毫留下了《渝州侯严六侍御不到先下峡》一诗。

此时他已没有那么浓的游兴，因朋友爽约，原本准备从渝州顺长江而下一起观览巫山、白帝城、一柱观的胜景，现在只能作罢。当天，杜甫一家从沙嘴出发，向荆楚漂流而去……

某天傍晚，杜甫忽闻岸上传来古刹钟声，问船家方知已经到达忠州（今重庆市忠县）。他记得好像有个从侄在此地做官，于是登岸去拜访。原来这个从侄是忠州刺史，他礼节性地接待了杜甫。杜甫即兴作《宴忠州使君侄宅》，叙述了经过使君宅所见和欢宴之情。宴席上大家一边饮酒，一边闲话叙旧。酒宴过后，刺史为尽地主之谊，准备安顿杜甫一家。因他的住宅很简陋，就把杜甫一家安置到龙兴寺暂住。杜甫流连光景，在这里滞留三两天，游览名胜，作《禹庙》：

禹庙空山里，秋风落日斜。

荒庭垂橘柚，古屋画龙蛇。

云气嘘清壁，江声走白沙。

早知乘四载，疏凿控三巴。

这座禹庙实际上是禹祠，建在忠州临江的山崖上，很有气势。此诗起笔便写空山斜阳，令人感到森然、肃静。正因山空，古庙更显得巍然独峙，气势不凡；加以晚霞的涂染，庙内庙外都染上金黄色彩，格外庄严，令人肃然而生敬意。

随后，一条小船载着杜甫全家老小，继续在川江上漂荡。某日，船过万州河段的巴阳峡和青龙滩，杜甫独立船头，望着似乎没有尽头的滔滔江水，思绪万千。他在《旅夜书怀》里写下了他的满腹心事。

细草微风岸，危樯独夜舟。

星垂平野阔，月涌大江流。

名岂文章著，官应老病休。

飘飘何所似？天地一沙鸥。

杜甫深感前路渺茫，小船飘摇无着落；阖家大小，如天地间飞旋的沙鸥。面对夜色与明月，听微风细语，看大江奔流，想病老官休。此诗极言个人之渺小：像江岸细草一样微小，像江中孤舟一般寂寞。又言天地之博大：星辰低垂，平野广阔；月随波涌，大江东流。此时杜甫心目中的白鸥已不再如早年干谒权贵时的诗句"白鸥没浩荡，万里谁能驯"那样具有英姿和豪情了，而变成孤独、飘零的象征。但是，杜甫在诗中运用了强烈的对比手法，表现出衰老之人虽然渺小心胸却宽广博大的深远意境。

杜甫的船过了万州后，他回想起过滩的情景还心有余悸，于是作《放船》一诗：

> 收帆下急水，卷幔逐回滩。
> 江市戎戎暗，山云淰淰寒。
> 荒林无径入，独鸟怪人看。
> 已泊城楼底，何曾夜色阑。

入秋后的川江，水势依然湍急。无论是一只怎样的帆船，都不可能在傍晚"戎戎暗、淰淰寒、独鸟怪、夜色阑"的恶劣环境中从上游的万州放船下行，更无人敢夜闯青龙滩。杜甫诗中所写的当是过后的回想。

过滩后一天傍晚，杜甫的船准备靠岸夜宿。天一亮，他的小船就能过云安（今重庆市云阳县）了。或许是因他的肚子饿了，这时候远远地闻到一股酒香。看样子，不上岸去喝几口都不成了。云安城内只有一条窄窄的青石板路，从小河口一直延伸到大东门城门。城内墙根也是青石板，路边临江的一排高低错落的江楼全是原生木竹加青石板架构。此时街市昏暗无光，杜甫因有意取醉消愁，借酒香带来的超常灵感作七律《拨闷》：

> 闻道云安曲米春，才倾一盏即醺人。
> 乘舟取醉非难事，下峡消愁定几巡。
> 长年三老遥怜汝，捩舵开头捷有神。
> 已办青钱防雇直，当令美味入吾唇。

杜甫所饮之酒为曲米春，一盏就把他醉倒了。此为夸张之说，杜甫自斟自饮，美酒好像化身为他此刻最好的朋友。三杯两盏，取乐也罢，解愁也罢，驱寒也罢，最难得的是一醉方休……杜甫去蜀东下是无可奈何之举，平生已漂泊多年，竟没能找到一处安身之所，如今年老体衰，仍旧四海飘零……多少伤心事，尽付浊酒中。

在云阳寄居的日子里，美酒几乎成为他创作的道具。他的《寄岑嘉州》中的"外江三峡且相接，斗酒新诗终日疏"，《云安九日郑十八携酒陪诸公宴》中的"旧摘人频异，轻香酒暂随"，《十二月一日三首》之三中的"他日一杯难强进，重嗟筋力故山违"，《水阁朝霁，奉简严云安》中的"呼婢取酒壶，续儿诵文选"等都是值得品味的佳句。

可能是因旅途劳累，加上饮食不规律，一路上他湿邪侵体，肺病和风痹发作，致使他脚部麻痹，需要休养。他的朋友郑公听说后前来探望，又拎了一大坛酒来，杜甫不得不陪朋友喝一顿。宴后，杜甫作《云安九日郑十八携酒陪诸公宴》一诗，他担心的不是自己的身体，而慨叹"万国皆戎马，酣歌泪欲垂"。

云安那时是个穷困地区，杜甫被困在这里养病，时间长达五个多月。这年深秋，回纥、吐蕃再度侵犯陇右关内，无数百姓逃难入蜀。官兵们借机横征暴敛，凌辱百姓，蜀中的乡亲们又陷入了水深火热之中。杜甫抱病作《三绝句》，用朴实而鲜活的语言留下这段真实的历史记录。

其一

前年渝州杀刺史，今年开州杀刺史。

群盗相随剧虎狼，食人更肯留妻子。

其二

二十一家同入蜀，惟残一人出骆谷。

自说二女啮臂时，回头却向秦云哭。

其三

殿前兵马虽骁雄，纵暴略与羌浑同。

闻道杀人汉水上，妇女多在官军中。

养病期间，云安严县令把杜甫安置在他私人的水阁里，虽然比较狭窄，但这水阁面临大江，背负高山，养病或观景都不错。在这五个多月里，杜甫虽然时常倒卧在床，却创作了几十首诗歌，诸如《答郑十七郎一绝》《长江二首》《将晓二首》《又雪》等。此时的杜甫实在叫人心疼，他在《别常征君》一诗中写道：

> 儿扶犹杖策，卧病一秋强。
>
> 白发少新洗，寒衣宽总长。
>
> 故人忧见及，此别泪相忘。
>
> 各逐萍流转，来书细作行。

杜甫在云安度过整个冬天，直到第二年春才启程，故云"卧病一秋强"。送别常君时，杜甫要靠人搀扶才能走路，人瘦衣宽，白发犹长，这是一副什么模样？故人忧及他的病况，彼此伤心，相对泪下，这又是何等悲凉！更令人揪心的是，云安并非他的终老之地，他还得逐萍流转，不知将漂向何处。

杜甫在云安熬过了寒冬，大历元年（766 年）春，重新登上帆船漂往夔州（今重庆市奉节县）。这段水路行船，比前段稍平缓。快到夔州时，杜甫度过又一个不眠之夜，在船中作《漫成一绝》：

> 江月去人只数尺，风灯照夜欲三更。

沙头宿鹭联拳静，船尾跳鱼拨刺鸣。

　　杜甫把江月下的情景看得那么清楚，可以想象，风灯因月照显得暗淡柔和，而那片白沙滩却亮洁似雪。夜宿白鹭团聚在沙滩上，睡得那样安恬；忽然船尾传来"拨刺"的声音，原来是河鱼在欢快地跳跃。这是一幅多么生动有趣的图景，显然杜甫已是另一番心情。他翘盼荆楚，遥想故乡，希望早日重返洛阳……

　　大历元年（766年）春末，杜甫终于登上了他牵挂已久的夔州城。他在这里羁留将近两年，作诗四百三十余首，客观上将现实主义诗歌创作推向又一个高峰。

万里悲秋常作客

夔州当时属山南东道，治所在今奉节县城东十余里处，靠近瞿塘峡，以白帝城为基础扩建而成。夔州古城雄踞瞿塘峡口，地势险要，东傍瀼溪门、远望夔门，北缘马岭、接赤岬山，西观武镇，西南临长江。因其特殊的地理位置，一直为巴蜀东北部的政治、经济、文化和军事中心，其名气不输渝州。杜甫在《夔州歌十绝句》第一首中写道：

> 中巴之东巴东山，江水开辟流其间。
>
> 白帝高为三峡镇，瞿塘险过百牢关。

杜甫初到夔州时，一家人暂居于关庙沱山腰上的客堂。这是在山坡上架木盖起的简陋吊脚楼。此时他虽无心欣赏风景，却觉得这一带高低有致的楼房很有特色，在《客堂》诗里，他细致地描写了初到此地的所见所感。待他登上白帝城极目眺望时，更是情不自禁地写下了《白帝城最高楼》：

> 城尖径昃旌旆愁，独立缥缈之飞楼。
>
> 峡坼云霾龙虎卧，江清日抱鼋鼍游。
>
> 扶桑西枝对断石，弱水东影随长流。
>
> 杖藜叹世者谁子，泣血迸空回白头。

“安史之乱”平息已三四年，但战争并没有结束，仍有很多人流离失所。国恨乡愁、平生叹喟，郁积于胸，面对苍茫浩荡之江水，立此险峻峭拔之峰，心与物化。他极力渲染城楼之高，极言江流之远。他眼里的夔州是昏暗阴冷的，诗歌充分渲染出地老天荒的萧瑟苍凉之感。

在杜甫心目中，整座山城都缺少亮色，他的简陋吊脚楼更是如此。为了补贴生计和用乌鸡治疗风湿病，杜甫在此养了近百只乌鸡。因鸡多争食，常飞扑叫嚷，扰人甚烦，杜甫作《催宗文树鸡栅》诗，让他的儿子赶紧扎立栅栏圈住它们。这里的生活很艰苦，日常用水要到山下去取，烧饭的柴火则要爬到山上去砍。杜甫整天为日常生活琐事操劳。正因如此，他才有机会接触黎民百姓并了解他们的生活和经历的苦难，了解夔州的风土人情。他到夔州没几天，就写下《负薪行》一诗：

夔州处女发半华，四十五十无夫家。更遭丧乱嫁不售，一生抱恨长咨嗟。土风坐男使女立，应当门户女出入。十犹八九负薪归，卖薪得钱应供给。至老双鬟只垂颈，野花山叶银钗并。筋力登危集市门，死生射利兼盐井。面妆首饰杂啼痕，地褊衣寒困石根。若道巫山女粗丑，何得此有昭君村？

这里的女人们不顾生死上山砍柴到集市去卖，挣点活命钱。为养家糊口，她们没法打扮自己，有的一直到年老都不能嫁人，也没有真正属于自己的家。杜甫扩充了创作题材，把贫苦劳动妇女作为写作对象并寄予深厚同情。

《最能行》一诗则写峡中男子。他们多为商人或纤夫，他们的心酸苦楚也是无法言说的。他们常年冒险在峡中行船，那些出色的水手斜帆侧舵穿波过浪，在波涛汹涌的大江上稳操舟船通行无阻，朝发白帝，暮抵江陵，千里水路，一日即达。但瞿塘峡、虎须滩凶险无比，可见这里的男人们多是为生活所迫才舍弃读书仕进之路而走上了轻死逐利之途。

在此期间，杜甫还写有《牵牛织女》《雨》《江上》《雨不绝》《晚晴》《种莴苣》等反映日常生活的诗作。杜甫对苍生投注了极大的同情和关爱，他站在远方人情地看着那些荒凉的村落、贫寒的人家，眼神犹如雨天般辽远而悲伤。为了保证妻儿温饱，他屈辱奔波。他无钱无势，很难帮助黎民百姓逃离苦难，能给的只有簌簌滚烫的泪水和接连不断的笔墨。

是年深秋，杜甫迁居城西滟滪堆附近、位于白帝城西侧的西阁。他在《宿江边阁》里介绍了他的新居所处环境：

> 暝色延山径，高斋次水门。
>
> 薄云岩际宿，孤月浪中翻。
>
> 鹳鹤追飞静，豺狼得食喧。
>
> 不眠忧战伐，无力正乾坤。

这里江壁陡峭，岩石拥堵，一条登山小径蜿蜒直抵阁前。薄薄的云层飘浮在岩腹里，就像栖宿在那儿似的。江上波涛腾涌，一轮孤独的明月映照水中，好像月儿在不停翻滚。鹈鹕飞逐，豺狼喧食，足显其荒凉可怖。此诗不只描写了环境恶劣，还有深刻的隐喻意义，抒发了杜甫关心时事、忧国忧民的爱国情怀。

但相比山腰上的客堂，住在这里，行动起来要方便许多，随时可到四周走走。年老的杜甫更加多愁善感，目光所及的一切事物都被他纳入诗中，《雷》《火》《雨》《月》《鹦鹉》《孤雁》《鸥》《猿》《麂》《鸡》《黄鱼》《黄草》《白盐山》《斗鸡》《吹笛》《听杨氏歌》……一景一物、一山一水、一草一木都能引发他对人生苦旅的感慨和对往事的无尽回忆。

一天，他去拜谒武侯庙，又在西南永安宫前的平沙上观看了诸葛孔明的八阵图，一时心潮起伏，才思如泉涌，当天夜里连作《谒先主庙》和《八阵图》两首诗。他在《八阵图》中写道：

功盖三分国，名高八阵图。

江流石不转，遗恨失吞吴。

这首怀古绝句赞颂了诸葛亮的丰功伟绩，同时又为他的壮志未酬深感遗憾，表达他对人生功业的慨叹。

家国多难，心疲身病，杜甫开始深刻反思历史，总结人生。在令人忧烦的秋季，杜甫作了多首怀古思幽、追忆往昔的诗歌，诸如《诸将五首》《八哀诗》《夔府书怀四十韵》《壮游》《昔游》《遣怀》等。

《诸将五首》组诗被人们称为"政治抒情诗"。在这组怀古组诗中，杜甫有感于边患未除，朝中有本领的将领遭人谗陷，被重用的却是平庸无能之辈，在诗中大发议论，深加嘲讽。国危思良将，收拾旧山河，彼时的唐王朝需要更多优秀的将领。诗其五写道：

> 锦江春色逐人来，巫峡清秋万壑哀。
>
> 正忆往时严仆射，共迎中使望乡台。
>
> 主恩前后三持节，军令分明数举杯。
>
> 西蜀地形天下险，安危须仗出群才。

杜甫对严武依然心怀敬佩和感激。一方面，杜甫感激他对自己的帮助；另一方面，也是更重要的，则是敬佩他在国家危难之际挺身而出，身先士卒，收复失地，为国家做出了极大贡献。

《八哀诗》组诗主要哀悼王思礼、李光弼、严武、汝阳王李琎、李邕、苏源明、郑虔、张九龄等八人。诗中，杜甫对他所敬佩的八位当代人物一一评说。王思礼、李光弼、严武三人都是良将，在平定叛乱与抵御外侮的战争中皆立下赫赫战功。李琎是皇族中最贤德之人，且以"谨洁"见称。李邕则是誉满天下的文学大家，且具有刚正不阿的风范和疾恶如仇的品格。苏源明、郑虔二人都是孤贫笃学之士，在陷贼时苏源明坚拒伪命，郑虔则托病不就伪职且以密章送达灵武。他们都能在危困情势下保持操守。此时汝阳王也已作古，流落天涯的杜甫仍然念念不忘这位王爷。在诗中细致地描写了汝阳王的才情本领、性格气质以及平生作为。

杜甫写严武，"颜回竟短折，贾谊徒忠贞"，他将严武与颜回、贾谊相提并论，可见严武在他心目中享有的崇高地位。诗其六《故秘书少监武功苏公源明》主要回忆、追述了苏源明生前的伟绩，写道：

武功少也孤，徒步客徐兖。读书东岳中，十载考坟典。
时下莱芜郭，忍饥浮云巘。负米晚为身，每食脸必泫。
夜字照爇薪，垢衣生碧藓。庶以勤苦志，报兹劬劳显。
学蔚醇儒姿，文包旧史善。洒落辞幽人，归来潜京辇。
射君东堂策，宗匠集精选。制可题未干，乙科已大阐。
文章日自负，吏禄亦累践。晨趋阊阖内，足蹋宿昔趼。
一麾出守还，黄屋朔风卷。不暇陪八骏，虏庭悲所遣。
平生满尊酒，断此朋知展。忧愤病二秋，有恨石可转。
唐肃宗复社稷，得无逆顺辨。范晔顾其儿，李斯忆黄犬。
秘书茂松意，溟涨本末浅。青荧芙蓉剑，犀兕岂独剸。
反为后辈亵，予实苦怀缅。煌煌斋房芝，事绝万手搴。
垂之俟来者，正始征劝勉。不要悬黄金，胡为投乳齼。
结交三十载，吾与谁游衍。荥阳复冥莫，罪罟已横罥。
呜呼子逝日，始泰则终蹇。长安米万钱，凋丧尽余喘。
战伐何当解，归帆阻清沔。尚缠漳水疾，永负蒿里饯。

《八哀诗》组诗让后人们看到了那个时代的榜样。诗中涉及的人物既有鲜明个性，又都具有时代特征，在杜甫的一生中都或多或少地产生了影响，故而被他写进诗里以示悼念。

杜甫在这偏僻的山城、简陋的西阁里，还写下多首回忆他自己往事的长韵诗。《壮游》《昔游》《往在》是对他到长安求官前后经历的真实回忆，是“自为列传”。他客观地总结自己的一生，反思他所经历的时代，因此不少人认为这是“有韵之史记，诗家之绝唱”。

在杜甫的长韵诗中，《秋兴八首》极为人们所称道。诗题"秋兴"源于潘岳《秋兴赋》和殷仲文诗句"独有清秋日，能使高兴尽"。而杜甫则于秋日登上夔府孤城，目睹江城秋色，满目凄凉，有感而作。

其一

玉露凋伤枫树林，巫山巫峡气萧森。

江间波浪兼天涌，塞上风云接地阴。

丛菊两开他日泪，孤舟一系故园心。

寒衣处处催刀尺，白帝城高急暮砧。

其二

夔府孤城落日斜，每依北斗望京华。

听猿实下三声泪，奉使虚随八月查。

画省香炉违伏枕，山楼粉堞隐悲笳。

请看石上藤萝月，已映洲前芦荻花。

其三

千家山郭静朝晖，日日江楼坐翠微。

信宿渔人还泛泛，清秋燕子故飞飞。

匡衡抗疏功名薄，刘向传经心事违。

同学少年多不贱，五陵衣马自轻肥。

其四

闻道长安似弈棋，百年世事不胜悲。

王侯第宅皆新主，文武衣冠异昔时。

直北关山金鼓振，征西车马羽书驰。
鱼龙寂寞秋江冷，故国平居有所思。

其五

蓬莱宫阙对南山，承露金茎霄汉间。
西望瑶池降王母，东来紫气满函关。
云移雉尾开宫扇，日绕龙鳞识圣颜。
一卧沧江惊岁晚，几回青琐点朝班？

其六

瞿塘峡口曲江头，万里风烟接素秋。
花萼夹城通御气，芙蓉小苑入边愁。
朱帘绣柱围黄鹄，锦缆牙樯起白鸥。
回首可怜歌舞地，秦中自古帝王州。

其七

昆明池水汉时功，武帝旌旗在眼中。
织女机丝虚夜月，石鲸鳞甲动秋风。
波漂菰米沉云黑，露冷莲房坠粉红。
关塞极天唯鸟道，江湖满地一渔翁。

其八

昆吾御宿自逶迤，紫阁峰阴入渼陂。
香稻啄余鹦鹉粒，碧梧栖老凤凰枝。
佳人拾翠春相问，仙侣同舟晚更移。
彩笔昔曾干气象，白头吟望苦低垂。

《秋兴八首》全写夔州秋景。第一首从朝露初降写到暮砧声起，通过对巫山、巫峡的秋色秋声的形象描绘，烘托出阴沉萧森、动荡不安的环境氛围，令人感到秋色秋声扑面惊心，抒发了杜甫的忧国之情和孤独抑郁之感。第二首从夕阳西下写到月映芦花，杜甫翘首北望，长夜不寐，表现出对长安的强烈怀念。第三首接着写次日清晨，秋气清明，江色宁静，江城秋天朝暮阴晴的千姿百态。而这种宁静的晨景给杜甫带来的却是烦扰不安。第四首解释引发他忧郁的原因："长安似弈棋"，故园人事变更，纲纪败坏。回纥、吐蕃连年进犯，国运今非昔比。第五首写长安宫殿的壮丽、早朝场面的庄严肃穆，以及自己曾经"识圣颜"的欣慰。第六首回忆昔日帝王歌舞的曲江盛况，怀念盛世时光。第七首回忆长安的昆明池，展示大唐国力长盛、场景壮丽和物产丰富的盛景。第八首表现杜甫当年在昆吾、御宿春游的诗意豪情。

《秋兴八首》这组诗熔铸了夔州萧条的秋色、凄清的秋声，杜甫结合自己暮年多病的苦况抒发了关心国家命运的深情。整组诗显得悲壮苍凉，意境深阔。无论是在内容上还是表现形式上，这组诗都体现了杜甫晚年的思想感情和艺术成就。

转眼秋去冬来，杜甫明显感觉到寒气逼人。因寓居荒僻的山城，杜甫面对峡江清冷的夜景，听到悲壮的鼓角声，夜不能寐，感慨万千，于是作《阁夜》：

岁暮阴阳催短景，天涯霜雪霁寒宵。
五更鼓角声悲壮，三峡星河影动摇。

野哭几家闻战伐，夷歌数处起渔樵。

卧龙跃马终黄土，人事依依漫寂寥。

西川军阀混战，连年不息；吐蕃还在不断侵袭蜀地。而杜甫的好友李白、严武、高适等人先后去世，杜甫感时忆旧，心情异常沉重。这首诗由眼前的情景想到国家的战乱，从几个侧面抒写了他在西阁的所见、所闻、所感，抒发了忧国忧民的情怀。全诗激越悲凉，感情真挚。诗中既有悲凉哀伤之情，也有壮情和超然之意。

大历二年（767 年）初春，杜甫从西阁迁居赤甲山下。赤甲山与白盐山相望，这里荒凉僻陋，少有人至。但春色宜人，环境清幽。他写了一首七言律《赤甲》，直抒胸臆：

卜居赤甲迁居新，两见巫山楚水春。

炙背可以献天子，美芹由来知野人。

荆州郑薛寄书近，蜀客郏岑非我邻。

笑接郎中评事饮，病从深酌道吾真。

杜甫是去年春末到夔州的，所以他说"两见巫山楚水春"。他用戏谑的口吻介绍了自己的新居环境。这里只是临时过渡的居所，因为夔州都督柏茂琳正在瀼西那边帮他代办买地建房事宜。杜甫对这个春天满怀期盼，一到赤甲就写了一首《立春》：

春日春盘细生菜，忽忆两京梅发时。

盘出高门行白玉，菜传纤手送青丝。

巫峡寒江那对眼，杜陵远客不胜悲。

此身未知归定处，呼儿觅纸一题诗。

杜甫期盼有一个安定的住所，回忆和现实、期待和失望在这个
春天仍然在他心里纠缠，折磨着他敏感的心灵。他自称杜陵远客，
显然他只是把这里当成客居之地。他在《愁》这首诗中，更明确表
达了家在何处、故土难回的哀伤。在《闷》中还说"无钱从滞客，
有镜巧催颜"。杜甫在等待迁居的这些天，心情既愁且闷。

三月，夔州都督柏茂琳为杜甫买得瀼西四十亩果园和漕廨草屋
数间，又租到东屯一部分公田。杜甫便带领一家人迁居瀼西，经
营那里的柑橘园，并雇人耕种东屯那边的公田。这段时间，杜甫
过上了相对稳定的生活。他在《暮春题瀼西新赁草屋五首》其五
中写道：

> 欲陈济世策，已老尚书郎。
> 未息豺虎斗，空惭鸳鹭行。
> 时危人事急，风逆羽毛伤。
> 落日悲江汉，中宵泪满床。

杜甫似乎打算在此长住下去，真正开始老农的生活。他以主人
的身份吩咐农夫干活，伐木、修补栅栏、耕地、除草、灌溉，然后
收获。然而他似乎未曾感受到快乐，从他的五言长律《晚登瀼上堂》
中即可窥见他这时的心态：

> 故蹊瀼岸高，颇免崖石拥。开襟野堂豁，系马林花动。
> 雌蝶粉如云，山田麦无垄。春气晚更生，江流静犹涌。
> 四序婴我怀，群盗久相踵。黎民困逆节，天子渴垂拱。

所思注东北，深峡转修耸。衰老自成病，郎官未为冗。

凄其望吕葛，不复梦周孔。济世数向时，斯人各枯冢。

楚星南天黑，蜀月西雾重。安得随鸟翎，迫此惧将恐。

这里不仅贫困，治安也不好，民俗风气也不怎么淳朴，是否要长期在此居住下去让杜甫内心很纠结。这时候他又收到了弟弟杜观的家书，希望他尽快去江陵，而他给弟弟回复说自己在蜀地过得很快活，用诗句描述就是"飒飒开啼眼，朝朝上水楼。老身须付托，白骨更何忧"，希望弟弟也来夔州看看。

杜甫强作笑脸，可他骗得了别人却骗不了自己，所以不得不想法子解闷，写下《解闷》十二首。诗其一写道：

草阁柴扉星散居，浪翻江黑雨飞初。

山禽引子哺红果，溪友得钱留白鱼。

的确，杜甫在夔州过的是寄人篱下、仰人鼻息的生活。他所依附的对象又是柏茂琳之流的小军阀，对于这位年过半百、自许甚高的诗人来说，那是极其委屈、辛酸的经历。但他在《过客相寻》一诗中，又把自己的生活写得很闲适。他写道：

穷老真无事，江山已定居。

地幽忘盥栉，客至罢琴书。

挂壁移筐果，呼儿问煮鱼。

时闻系舟楫，及此问吾庐。

因为闲着无事可干，杜甫就不停地写诗，仅自春至冬就创作数百首，这段时间成为他创作的一个高峰期。

是年八月，杜甫把瀼西草屋借给从忠州来的吴某，阖家移居东屯。他在东屯一直居住到离开夔州的那一天。杜甫在夔州迁居四次，这几个地方相距不太远，移居的地方越来越好，以致后人言"白盐无路到，赤甲罕人行。西瀼泉尤胜，东屯谷有名"。

可是杜甫到东屯后作了一首《东屯月夜》，似乎对这个地方并没有太多兴致。他写道：

> 抱疾漂萍老，防边旧谷屯。春农亲异俗，岁月在衡门。
> 青女霜枫重，黄牛峡水喧。泥留虎斗迹，月挂客愁村。
> 乔木澄稀影，轻云倚细根。数惊闻雀噪，暂睡想猿蹲。
> 日转东方白，风来北斗昏。天寒不成寝，无梦寄归魂。

秋后，杜甫的身体越来越糟糕，愁绪越来越浓烈，写了不少悲秋诗。他在《秋峡》中写道：

> 江涛万古峡，肺气久衰翁。
> 不寐防巴虎，全生狎楚童。
> 衣裳垂素发，门巷落丹枫。
> 常怪商山老，兼存翊赞功。

在这个多病的秋天，杜甫的感受多少与以往不同：

> 历历开元事，分明在眼前。
> 无端盗贼起，忽已岁时迁。

巫峡西江外，秦城北斗边。

　　为郎从白首，卧病数秋天。

　　这首《历历》写他怀念开元盛世，想念京都长安，但因老病衰弱，只能停留在念想层面。

　　重阳节时，杜甫又特别想念亲友，写了组诗《九日五首》，其一写道：

　　重阳独酌杯中酒，抱病起登江上台。

　　竹叶于人既无分，菊花从此不须开。

　　殊方日落玄猿哭，旧国霜前白雁来。

　　弟妹萧条各何往，干戈衰谢两相催。

　　此诗由因病戒酒、对花发慨、黑猿哀啼、白雁南来，引出思念故乡、忆想弟妹的情怀，进而表现遭逢战乱、衰老催人的感伤。

　　杜甫在此期间最让人称道的吟秋诗应是《登高》：

　　风急天高猿啸哀，渚清沙白鸟飞回。

　　无边落木萧萧下，不尽长江滚滚来。

　　万里悲秋常作客，百年多病独登台。

　　艰难苦恨繁霜鬓，潦倒新停浊酒杯。

　　这首诗是杜甫七言律诗的代表作，被后人誉为"古今七律诗第一"。诗中时间和空间交错，动态与静态相互穿插，展示了杜甫博大的胸怀和对人生的感悟。诗歌对仗工整，表达浑然天成。杜甫所见，旷远清幽，一种不知不觉的凄凉之感与环境的暗示十分吻合。

　　细品之下，眼前仿佛看见一个瘦弱的老翁独自站在高台上举目远望。急风不仅撩起了他的衣衫，还吹散了他稀疏的头发。这幅率先定格的画面也许正是杜甫心中的自我形象，是千锤百炼的内心与社会凄清景象之碰撞带给他的无奈叹息。

行迈越潇湘

　　杜甫虽然在夔州生活了近两年时间，并留下一笔丰厚而宝贵的文化遗产，但对这座古老的山城来说，他依然只是个过客。大历三年（768年）正月，杜甫处理掉东屯的房子、田地后，终于下决心闯三峡，下荆楚。

　　此时的杜甫已五十六岁，身体状况越来越不好，头发白了，耳朵聋了一只，牙齿也掉了好几颗。想到过三峡有风险，临行前，他特意告诉十五岁的次子宗武："汝啼吾手战，吾笑汝身长。处处逢正月，迢迢滞远方。"

　　杜甫在这首《元日示宗武》中说他看着儿子一天天长大，自己变得老弱多病，但归家无望，还将继续漂泊，不知居身何处。尽管如此，他在《又示宗武》一诗中，谆谆教导儿子好好学习，不要玩物丧志，生活要有节律，更重要的是应当勤学儒家经典著作，以曾参那样的先贤为楷模，持之以恒地进修自身德行。他把自己对未来的期望渐渐转移到孩子们身上，期望"诗是吾家事"的家风继续传承下去。

正月中旬，杜甫带着一家老小乘船出三峡，前往江陵。船自奉节白帝城东下，经巫山、巴东，数日后到达峡州（今湖北省宜昌市）。因春水未发，一路行船平稳，并没有像杜甫想象的那么凶险。杜甫到达峡州之前，游历了昭君村，然后在峡州逗留数日。

船离开峡州至宜都荆门口时，杜甫眼见奇崛的景色又情不自禁作长韵诗，把他沿途的见闻、思想详细记录下来。过了荆门口，便是一马平川的江汉平原。小船慢慢悠悠行进在开阔的江面上，杜甫站立船头，眺望两岸一片片芦苇滩，这才感觉到自己终于从大山里出来了，心情豁然开朗。

三月，杜甫到达江陵荆州古城。在江陵，杜甫游历宋玉故宅，不禁怀念楚国这位作家，勾起了对他身世遭遇的同情和悲慨。加之以前曾游览过庾信古居、昭君村、永安宫、先主庙、武侯祠等古迹，对于古代的才士、国色、英雄、名相等深表崇敬，心灵为之震颤，乃相继作诗，形成《咏怀古迹五首》。

其一

支离东北风尘际，漂泊西南天地间。

三峡楼台淹日月，五溪衣服共云山。

羯胡事主终无赖，词客哀时且未还。

庾信平生最萧瑟，暮年诗赋动江关。

其二

摇落深知宋玉悲，风流儒雅亦吾师。

怅望千秋一洒泪，萧条异代不同时。

江山故宅空文藻，云雨荒台岂梦思？

最是楚宫俱泯灭，舟人指点到今疑。

其三

群山万壑赴荆门，生长明妃尚有村。

一去紫台连朔漠，独留青冢向黄昏。

画图省识春风面，环佩空归夜月魂。

千载琵琶作胡语，分明怨恨曲中论。

其四

蜀主窥吴幸三峡，崩年亦在永安宫。

翠华想象空山里，玉殿虚无野寺中。

古庙杉松巢水鹤，岁时伏腊走村翁。

武侯祠屋常邻近，一体君臣祭祀同。

其五

诸葛大名垂宇宙，宗臣遗像肃清高。

三分割据纡筹策，万古云霄一羽毛。

伯仲之间见伊吕，指挥若定失萧曹。

运移汉祚终难复，志决身歼军务劳。

　　杜甫在这组诗中赞颂了五位历史人物的文章学问、心性品德、伟绩功勋，并对这些历史人物凄凉的身世、壮志未酬的人生表示深切同情。借助这五位历史人物，他表达自己事业失意、时运不济、才能埋没的悲伤情感。后人评议说："五首托兴最远，有纵横万古、吞吐八极之概。"

　　杜甫向来钟情于清秀的山水。而江陵一带的长江两岸皆为鱼米之乡，江河湖泊遍布，各处秀水令杜甫目不暇接。他在《行次古城店泛江作，不揆鄙拙，奉呈江陵幕府诸公》一诗中写道：

老年常道路，迟日复山川。白屋花开里，孤城麦秀边。

济江元自阔，下水不劳牵。风蝶勤依桨，春鸥懒避船。

王门高德业，幕府盛才贤。行色兼多病，苍茫泛爱前。

虽说了不少客气话，但也描写出水乡的灵动特色。他在《泊松滋江亭》中，也是极力称赞：

沙帽随鸥鸟，扁舟系此亭。

江湖深更白，松竹远微青。

一柱全应近，高唐莫再经。

今宵南极外，甘作老人星。

通过对水亭景物的描写，抒发了他甘作"老人星"的逍遥心态。看样子，他是有些迷恋水乡风光了。

杜甫在江陵逗留了大约半年，自他的二弟杜观回当阳（今湖北省当阳市）后，杜甫才开始考虑何去何从。按理说，如果他急切盼望回归故里的话，那么此时他当北上。最便捷的途径是经汉江北上转白河至南阳，再从陆路回洛阳。令人不解的是，杜甫在秋冬时节仍然盘桓于江陵、公安、石首等地，似乎没有回故乡的打算。

夏去秋来，杜甫的心情随着季节的更替发生变化，生活上不如意，身体越来越差。他独立洲头，冷风吹拂着他稀疏的头发，浓浓的秋愁又涌上心头，于是作长韵《秋日荆南述怀三十韵》，吟出"结舌防谗柄，探肠有祸胎。苍茫步兵哭，展转仲宣哀"的诗句。

仲秋后，他常渡江去往公安，不知是游览还是寻觅居处，遭遇亦不佳，愁肠百结之下作《久客》诗：

羁旅知交态，淹留见俗情。

衰颜聊自哂，小吏最相轻。

去国哀王粲，伤时哭贾生。

狐狸何足道，豺狼正纵横。

　　杜甫客居异地，寄人篱下，感受世态炎凉，思乡之情愈加强烈。但他知道老家已没有什么亲人，大弟杜颖在阳翟，离老家最近，但日子很不好过。二弟杜观久居偃师陆浑庄，历经十多年战乱，生活更是苦不堪言，前不久才在蓝田成婚。杜观本想去四川投靠杜甫，没承想长兄这个工部侍郎自身难保，杜观只好先去蓝田，然后相约一起赴江陵。江陵境况不如人意，杜观又带着妻子去了当阳。他的三弟杜丰在江南越州，四弟杜占随他入蜀，现今仍留在成都。何况，自"安史之乱"以来，关内的不少人逃入西蜀，洛阳以及邓州、襄州一带的平民则南逃到江淮苏浙。杜甫回老家已没多大意义。

　　或许杜甫到江陵只是想与二弟团聚几天，然后再定行止，或是北归长安，或是沿江东下。可是，就在杜甫到达江陵之时，商州（今陕西省商洛市商州区）发生暴乱，商於地区一片混乱，交通中断，他不敢北上；待到入秋后，吐蕃进攻凤翔，长安又受到威胁。杜甫年迈之躯再经不起折腾，被迫滞留江陵，再待时机。万一不行就去江东，投靠三弟杜丰。在夔州时他就曾嘱托一个往扬州去的胡商，打听淮南的米价，以便有机会时到那里去居住。可是，他始终没有收到三弟的音讯，又没有其他人事因缘，不敢贸然前往。

　　杜甫此时作出任何选择都是一种冒险。他从公安返回江陵后，写了一首《哭李尚书》，其中有诗句道："漳滨与蒿里，逝水竟同年。欲挂留徐剑，尤回忆戴船。相知成白首，此别间黄泉。风雨嗟何及，江湖涕泫然。"他为已故尚书李之芳而哭，实际上也是哭自己。自身的衰老、飘泊，亲友的杳无音讯，国家的动荡不安，这一切都沉重地压在他的心头。杜甫把这些情形凝炼成一首完美的寓言诗《客从》：

> 客从南溟来，遗我泉客珠。
>
> 珠中有隐字，欲辨不成书。
>
> 缄之箧笥久，以俟公家须。
>
> 开视化为血，哀今征敛无！

杜甫在荆州的生活难以维持。秋末，杜甫一家又迁居到江陵南对岸的公安县。临行时，写了一首《舟中出江陵南浦奉寄郑少尹》：

> 更欲投何处？飘然去此都。形骸元土木，舟楫复江湖。
>
> 社稷缠妖气，干戈送老儒。百年同弃物，万国尽穷途。
>
> 雨洗平沙静，天衔阔岸纡。鸣螀随泛梗，别燕赴秋菰。
>
> 栖托难高卧，饥寒迫向隅。寂寥相煦沫，浩荡报恩珠。
>
> 溟涨鲸波动，衡阳雁影徂。南征问悬榻，东逝想乘桴。
>
> 滥窃商歌听，时忧卞泣诛。经过忆郑驿，斟酌旅情孤。

这首诗是寄给郑审的，从中感到杜甫已处在走投无路的凄凉境地，他的诗歌也唱到最后一个阶段。在这个阶段里杜甫述及自己的境遇时，已经无法发出多少高亢的声音，只有些日暮穷途的哀诉。但杜甫并没有放弃他的社会责任，虽老眼昏花，视物不清，听力也下降了许多，却能听见湘江一带百姓的痛苦泣涕，能看见他们生活在水深火热中的凄惨情景。

杜甫在江陵南浦登船，当天抵达油江口，然后转道去城关南平。这时候，他越来越怀念长安，不知为什么，明知道自己凭借这衰病之躯回到关山重重的都城已是力不从心，可偏偏这种念想挥之不去。他在《江汉》一诗中倾诉道：

> 江汉思归客，乾坤一腐儒。
> 片云天共远，永夜月同孤。
> 落日心犹壮，秋风病欲苏。
> 古来存老马，不必取长途。

未久，公安也发生变乱。杜甫决定入湘，前去投靠昔年好友韦之晋，解决一家老小的生存困境，以待时机，再图北归。

大历三年（768 年）隆冬，杜甫抱着"图南未可料，变化有鲲鹏"的希望，携家小乘坐出峡时所置孤舟具于岁暮一个积雪未化的晚上到达岳州（今湖南省岳阳），受到岳州刺史裴某的热情接待。为表谢意，杜甫作了一首七言古诗《岁晏行》：

岁云暮矣多北风，潇湘洞庭白雪中。渔父天寒网罟冻，莫徭射雁鸣桑弓。去年米贵阙军食，今年米贱大伤农。高马达官厌酒肉，此辈杼轴茅茨空。楚人重鱼不重鸟，汝休枉杀南飞鸿。况闻处处鬻男女，割慈忍爱还租庸。往日用钱捉私铸，今许铅锡和青铜。刻泥为之最易得，好恶不合长相蒙。万国城头吹画角，此曲哀怨何时终？

杜甫一家在岳州度过了入湘后的第一个春节。杜甫此时关心的还是"安史之乱"后普通百姓的生活。受制于他此刻的一无所有，能呈献出来的只有满腔的血和泪了。此诗表达了杜甫浓郁的忧国忧民情感，是他晚年重要的杰作之一。

在岁暮的一个阴雨天，杜甫登上岳阳楼，凭栏远眺，云低天沉，天湖共一色，苍茫无际。他心潮翻腾，不禁老泪纵横，迎风高咏

《登岳阳楼》：

> 昔闻洞庭水，今上岳阳楼。
>
> 吴楚东南坼，乾坤日夜浮。
>
> 亲朋无一字，老病有孤舟。
>
> 戎马关山北，凭轩涕泗流！

面对烟波浩渺、壮阔无垠的洞庭湖，杜甫发出由衷的礼赞，继而想到自己晚年漂泊无定、国家多灾多难，又不免感慨万千。这首千古佳作，是那么宏大悲壮，哀而不伤，无奈中蕴含着奋进。

大历四年（769 年）二月中旬，杜甫过洞庭湖，溯湘江南下。因身体欠佳，北风猛烈，杜甫决定在铜官稍作停留，并作《南征》一诗：

> 春岸桃花水，云帆枫树林。
>
> 偷生长避地，适远更沾襟。
>
> 老病南征日，君恩北望心。
>
> 百年歌自苦，未见有知音。

杜甫的南征北望，与他当时的境遇形成鲜明对比。正因离京都越来越远，思念才一日更盛一日，也才更感慨知音难觅。这种孤独感让他不由自主发出"百年歌自苦"的叹息。

待北风停息，扬帆再历经二日，"凄恻近长沙"，杜甫一家于二月下旬抵潭州（今湖南省长沙市）。清明节后，杜甫拄杖游览了岳麓、道林二寺，眼见"安史之乱"未曾波及的长沙"桃源人家易制度，橘洲田土仍膏腴"，情绪顿时好转，发出"昔遭衰世皆晦迹，今幸乐国养微躯"之慨。

在停留数日后，他们继续南行。临行前，杜甫作《发潭州》一诗。从首联"夜醉长沙酒，晓行湘水春"可见，此时杜甫的心情尚好。帆过湘潭、株洲，于三月中旬抵达衡山。因路途颠簸劳顿，杜甫旧疾再度发作。他站在衡山下，实在无力攀登，只能望山兴叹，作了第三首《望岳》：

> 南岳配朱鸟，秩礼自百王。欻吸领地灵，鸿洞半炎方。
> 邦家用祀典，在德非馨香。巡守何寂寥，有虞今则亡。
> 泊吾隘世网，行迈越潇湘。渴日绝壁出，漾舟清光旁。
> 祝融五峰尊，峰峰次低昂。紫盖独不朝，争长嶪相望。
> 恭闻魏夫人，群仙夹翱翔。有时五峰气，散风如飞霜。
> 牵迫限修途，未暇杖崇冈。归来觊命驾，沐浴休玉堂。
> 三叹问府主，曷以赞我皇。牲璧忍衰俗，神其思降祥。

这首歌咏衡山的诗作借用典故，首尾抒发议论，中间写景叙事，或有所讽喻，也代表杜甫晚年内敛安命、与人为善的人生态度。从中可窥见杜甫思想转变的轨迹。不过，无论他的心态如何改变，有一点始终是相同的，那就是他忠君爱国的情怀：即使漂泊江湖，仍关心朝政民生，无日或忘。

尾声：风疾舟中伏枕书

    杜甫到衡州，本是想投奔在郇瑕时相交相识、如今任衡州刺史的韦之晋。不料他尚未到达时，韦之晋已改任潭州刺史、湖南观察使，两位故友就此错过。在衡州，杜甫举目无亲，受到衡州判官郭受的热情接待，稍作逗留后，又急转船帆回潭州。

    不幸的是，当杜甫满怀希望返回潭州时，韦之晋已经病故，他又失去了生活上和政治上的依靠，且囊中羞涩，病体未愈，甚至陆地上已没有安身之所，船成了他的家。后来为了养病，一家人才移居江边佃楼，杜甫称之为江阁。阁前便是诗中所说的"茅斋定王城郭门，药物楚老渔商市"。他也常在商市上摆设药摊，出卖药物，赚钱维持生计。其间，杜甫结识了韦迢、苏涣等人，并得到他们不少帮助。

    大历五年（770年）春，杜甫在潭州见到了故友李龟年。这位当时最优秀的音乐家在岐王宅时曾用他美妙的琴声启迪了杜甫年轻的心灵。今日一见，杜甫不禁想起了裘马轻狂的岁月，怀旧之情似乎用千言万语也诉说不尽。他含泪而笑，作七绝《江南逢李龟年》：

> 岐王宅里寻常见，崔九堂前几度闻。
> 正是江南好风景，落花时节又逢君。

此诗抚今思昔，语言极平易，而含意却极深远。一个红极一时的音乐家如今流落江南，以卖艺为生，从侧面反映出社会变迁，表达了时世凋零丧乱给杜甫带来的人生凄凉飘零之感。

初夏，在一个黑夜里，潭州城内忽然火光冲天，湖南兵马使臧玠杀死潭州刺史兼湖南都团练观察使崔瓘，潭州大乱。杜甫又不得不携带妻儿驾着小船南下，一路上悲愤难抑，写了一首《逃难》诗：

> 五十头白翁，南北逃世难。疏布缠枯骨，奔走苦不暖。
> 已衰病方入，四海一涂炭。乾坤万里内，莫见容身畔。
> 妻孥复随我，回首共悲叹。故国莽丘墟，邻里各分散。
> 归路从此迷，涕尽湘江岸。

这年夏天，杜甫对以后的岁月似乎有了隐隐约约的预感，他想他可能会长留湖南，回不到家乡去了："乱离难自救，终老是湘潭。"因无处可去，他想到了族舅崔玮在郴州任录事参军，打算前去投奔。于是杜甫溯着郴水入耒阳县境内，没料到他的人生竟就此驶入了绝地。

盛夏时节，暴雨连日不断，江水大涨，杜甫一家被迫停泊在方田驿，五天得不到食物。耒阳县令聂某得到这个消息，立即写信问候，给杜甫一家送来丰盛的酒菜。杜甫接受了这宝贵的馈赠，曾写诗感谢聂县令。但是水势不退，他无法前进，不能当面把这首诗交给聂县令，也不能南下郴州，只好掉转船头，折返衡州。杜甫临时改变计划，想北上汉阳，预备沿汉水回长安去。然而，他的小舟不时遭遇风雨，只在潭州附近打转。

转眼夏尽秋来，北风一天比一天肆虐，贫穷与疾病使他丧失了走出湘江的能力。长期的水上生活导致他的风痹转剧，他多日倒卧在船中，坚持写下人生的最后一首长韵《风疾舟中伏枕书怀三十六韵奉呈湖南亲友》，如遗嘱般向后人诉说：

轩辕休制律，虞舜罢弹琴。尚错雄鸣管，犹伤半死心。
圣贤名古邈，羁旅病年侵。舟泊常依震，湖平早见参。
如闻马融笛，若倚仲宣襟。故国悲寒望，群云惨岁阴。
水乡霾白屋，枫岸叠青岑。郁郁冬炎瘴，濛濛雨滞淫。
鼓迎非祭鬼，弹落似鸮禽。兴尽才无闷，愁来遽不禁。
生涯相汩没，时物自萧森。疑惑尊中弩，淹留冠上簪。
牵裾惊魏帝，投阁为刘歆。狂走终奚适，微才谢所钦。
吾安藜不糁，汝贵玉为琛。乌几重重缚，鹑衣寸寸针。
哀伤同庾信，述作异陈琳。十暑岷山葛，三霜楚户砧。
叨陪锦帐座，久放白头吟。反朴时难遇，忘机陆易沉。
应过数粒食，得近四知金。春草封归恨，源花费独寻。
转蓬忧悄悄，行药病涔涔。瘗夭追潘岳，持危觅邓林。
蹉跎翻学步，感激在知音。却假苏张舌，高夸周宋镡。
纳流迷浩汗，峻址得欹嵚。城府开清旭，松筠起碧浔。
披颜争倩倩，逸足竞骎骎。朗鉴存愚直，皇天实照临。
公孙仍恃险，侯景未生擒。书信中原阔，干戈北斗深。
畏人千里井，问俗九州箴。战血流依旧，军声动至今。
葛洪尸定解，许靖力还任。家事丹砂诀，无成涕作霖。

这首诗是杜甫的绝笔诗，总结了他一生颠沛流离的生活。他在临终前也不忘关心国事与天下苍生，忧国忧民的家国情怀在这首诗中表现得淋漓尽致。

寒冬某个北风呼啸、雪落无声的早晨，湘江飘摇的一条小船上，杜甫眼看回京无望，熄灭了心底最后一丝切盼，遗憾地闭上双眼，一代伟人黯然离世，享年五十八岁。

战乱中的杜甫受尽了苦难，他一生忧国忧民，尽管仕途不顺，颠沛一生，却始终胸怀"再使风俗淳"的大志。"安史之乱"发生后，他从忠君爱国的立场出发，痛斥祸乱，关心天下万民，胸怀质朴而博大。他的这一浓重情怀使他成了后代诗人学习的楷模，他的诗被后世尊为"诗史"，人们赞誉他为"千秋诗圣"。